■ Wer steckt hinter KAViA?

Was machen die Autoren?

Siegfried Bütefisch studierte Dipl. Grafik-Design an der Kunstakademie Stuttgart. Intensive Aus- und Weiterbildungen in Psychologie, Coaching und Trainingsmethoden ergänzen seine Fähigkeiten als Gestalter. Heute gibt er sein Wissen in Trainings, Lehrveranstaltungen und Publikationen weiter. Das verbindende Element aller Aktivitäten ist: „Wie erreiche, überzeuge und gewinne ich Menschen medial und persönlich – effektiv, wertorientiert und nachhaltig?"

Mehr Informationen: www.buetefisch.de

Ulrike Möller ist Dipl. Sprecherin und Sprecherzieherin. Sie studierte an der Staatlichen Hochschule für Musik und Darstellende Kunst Stuttgart mit dem Schwerpunkt Sprechkunst. Seit 18 Jahren tritt sie als Künstlerin in ganz Deutschland auf. Darüber hinaus ist sie Dozentin an der Pädagogischen Hochschule Karlsruhe und am Institut für Kommunikationspädagogik und Sprechkunst der Musikhochschule Stuttgart. Neben Sprachaufnahmen für Medienproduktionen trainiert sie Sänger, Schauspieler und Führungskräfte und entwickelt künstlerische Abendprogramme.

Mehr Informationen: www.ulrike-moeller.de

In ihren Beratungen, Trainings und Fortbildungen für erfolgreiche Online- bzw. eKommunikation machen die Autoren Führungskräfte, Teams, Selbständige und Dozenten fit für die Zukunft in Wirtschaft und Lehre.

1. Auflage August 2020
148 Seiten Inhalt mit 34 farbigen Abbildungen

Illustrationen und Screenshots:
Siegfried Bütefisch

Fotobildquellen:
Seite 54: Sennheiser electronic GmbH & Co. KG
www.sennheiser.com
Seite 59, 64: www.doerr-foto.de, der Spezialist für
professionelles Foto- und Videoequipment

© 2020 Siegfried Bütefisch, Ulrike Möller
Herstellung und Verlag:
BoD - Books on Demand, Norderstedt
ISBN 978-3-7519-8152-1

Fit für Online-Meetings

Virtuelle Treffen erfolgreich
planen und durchführen
mit dem KAViA-Prinzip.

Fit für Remote-Working,
Homeoffice, eLearning,
Videokonferenz und mehr.

Fit für die eKommunikation
der Zukunft.

■ Ein Arbeits-, Nachschlage- und Lesebuch für die Praxis

Mehr Können, um besser zu handeln

Das spiegelt sich auf den nächsten 148 Seiten im Layout und der Sprache wider. Unser Anspruch: ein Buch, geeignet als Badewannenlektüre mit Tiefgang; ein Buch, das motiviert, das Gelesene gleich auszuprobieren. Ganz nebenbei vermittelt Ihnen dieses Buch Verständnis über Kommunikation, Wahrnehmung und menschliches Verhalten – weit über virtuelle Begegnungen hinaus. Mit diesem Verständnis haben Sie eine gute Grundlage, über die im Buch gegebenen Impulse hinauszuwachsen. Denn wirkungsvolle Kommunikation ist bei allen Prinzipien immer individuell und situationsabhängig.

Leo Tolstoi: „Man kann ohne Liebe Holz hacken, Ziegel formen, Eisen schmieden. Aber man kann nicht ohne Liebe mit Menschen umgehen."

Cyril Northcote Parkinson: „Ein Vakuum, geschaffen durch fehlende Kommunikation, füllt sich in kürzester Zeit mit falscher Darstellung, Gerüchten, Geschwätz und Gift."

Stanislaw Jerzy Lec: „Es genügt nicht, zur Sache zu reden, man muss zu den Menschen reden."

Marcus Tullius Cicero : „Reden lernt man nur durch reden."

Charlie Chaplin: „Handlung wird allgemein besser verstanden als Worte. Das Zucken einer Augenbraue, und sei es noch so unscheinbar, kann mehr ausdrücken als hundert Worte."

Samuel Johnson: „Die Sprache ist die Kleidung der Gedanken."

Inhaltsverzeichnis

Einleitung

■ Virtuelle Kommunikation bringt Sie weiter

Ein Thema, das über Corona hinaus unsere Zukunft sein wird.

Drei Begriffe, die für das Gleiche verwendet werden: Virtuelle Kommunikation, Remote Kommunikation, eKommunikation. Übrigens: Wenn Sie bei einem Begriff nicht wissen, was sich dahinter verbirgt – im Netz werden Sie fündig.

Gepuscht von Corona, gewinnen Begegnungen im digitalen Raum an Bedeutung. Leider werden die Vorteile der eKommunikation bei weitem nicht ausgeschöpft. Zu oft gehen wir nur technikfokussiert an die Sache heran, mit dem Blick auf die Möglichkeiten der Soft- und Hardware. Genauso wichtig aber ist der Mensch! Die Kompetenzen und die Einstellungen der Teilnehmenden im virtuellen Raum entscheiden, ob lebendiges Kommunizieren, Zusammenarbeiten und Ideenentwickeln gelingt.

Ein Tipp gleich zum Anfang: Notieren Sie Ihre Gedanken in der Randspalte. Und wenn Sie dieses Buch in der eBook Ausgabe lesen oder dem Hörbuch lauschen: Verzichten Sie trotzdem nicht auf Notizen!

In den letzten drei Monaten hat sich für uns Autoren auch viel verändert: Statt sich wie üblich in Besprechungen, Meetings, Workshops und Lehrveranstaltung persönlich zu treffen, waren wir fast nur virtuell in Kontakt. Von Mitte März bis Anfang Juli waren das von uns beiden zusammengenommen über 380 Veranstaltungsstunden verschiedenster Art. Uns kam zugute, dass wir uns schon vorher intensiv mit dem Thema beschäftigt hatten. Doch nur wenige Auftraggeber wollten sich in den vergangenen Jahren wirklich auf virtuelle Formen der Kommunikation einlassen. Das hat sich nun plötzlich geändert. Gut geplante und durchgeführte virtuelle Veranstaltungen sind kein schlechter Ersatz für echte Begegnungen, sondern Ergänzung und Bereicherung. Das haben Evaluationen gezeigt. Diese Erfahrung möchten wir mit Ihnen teilen. So macht Sie dieses Buch fit für gelungene, professionelle eKommunikation – das nächste Videomeeting, das nächste Webinar, der nächste virtuelle Austausch kommt bestimmt.

Lassen Sie sich zu Neuem inspirieren. Experimentieren Sie!

Vergessen Sie nie, was Menschen brauchen, was Ihnen gefällt und was sie verbindet: gegenseitig erfüllte Bedürfnisse, Vertrauen, Respekt, Anerkennung, Sympathie, Humor und bereichernder Austausch.

Warum gerade ein Buch?

Warum sollten Sie nun ein über 500 Jahre altes Kommunikationsmedium lesen, statt am Rechner, Tablet oder Handy einfach per „Versuch und Irrtum" los zu legen.

Weil Sie Ziele erreichen wollen und beim Misslingen der Kommunikation oft keine zweite Chance haben. Kommunikation ist immer nur ein Mittel, ein Werkzeug, um Ziele zu erreichen – kein Selbstzweck! Sie wollen auch nicht den Hammer oder den Nagel an die Wand hängen, sondern das Bild. In diesem Buch geht es um das große Bild, um Ihre Ziele! Und wie Sie diese mit dem „Hammer" eKommunikation, mit Audio, Video, Chat, Kommentaren, Umfragen, geteilten Bildschirmen, virtuellen Gruppenräumen, digitalen Whiteboards u. ä. erreichen.

Ein Buch auch deswegen, weil Tools für virtuelle Treffen wie Skype, Zoom, Teams, Slack, Webex und Co. bewährte Kommunikationsformen nicht ersetzen, sondern sinnvoll ergänzen! Auch diese Kommunikationsformen sind als Mittel zum Zweck entstanden! Sie werden weiter telefonieren, Mails schreiben, Soziale Medien nutzen, persönliche Begegnungen schätzen und Bücher lesen. Wie jetzt! Das „Mittel" Buch hat einen Vorteil: Was Sie schwarz auf weiß – und gelb – vor Augen haben, in Ihrem Tempo aufnehmen können, prägt sich besonders gut ein. Vor allem dann, wenn Sie sich zum Gelesenen Notizen machen. Machen Sie dieses Buch deshalb von Anfang an zu Ihrem Arbeitsbuch!

Zielgruppen: Die Lektüre lohnt sich für Sie, wenn ...

- **Sie sicher sind im Umgang mit eKommunikations-Tools.** Aber Sie wünschen sich, dass Ihre Videomeetings effektiver werden. Sie werden lernen, wie Sie nur Kleinigkeiten justieren müssen, um mehr Wirkung zu erzielen: Durch mehr Struktur, mehr Klarheit, mehr Lebendigkeit, mehr Visualisierung. So können Sie künftig sogar mit „schwerer Kost", mit Zahlen und Fakten, Menschen emotional erreichen. Das ist nötig, um Ihre Vorhaben erfolgreich auf den Weg zu bringen.

- **Sie aktuell, vielleicht coronabedingt, nun mehr mit eKommunikation konfrontiert werden.** Dann lernen Sie mit diesem Buch schnell den sicheren Umgang mit diesen neuen Werkzeugen – und gewinnen hoffentlich schnell Spaß daran.

- **Sie mit Ihren Fähigkeiten irgendwo dazwischen liegen.** Ihr Ziel: Sie wollen schnell sicher auftreten, diese Tools gekonnt nutzen und nicht das Rad neu erfinden.

- **Sie einfach neugierig sind!** Neugierig darauf, wie sich die berufliche und private Kommunikation entwickelt. Denn Sie wissen, dass gutes Kommunikationsvermögen immer ein Wettbewerbsvorteil war, ist und bleiben wird.

Werden Sie vom bloßen Teilnehmenden zum aktiven Gestalter

*Führerinnen und Führerschein, BürgerInnensteig,...? Ziel eines Sachbuches muss es sein, Dinge klar und einfach und vor allem kurz auf den Punkt zu bringen. Liebe Frauen, Männer, Sternchen und mehr, fühlen Sie sich bitte angesprochen und wertgeschätzt – egal, welches sprachliche Genus wir verwenden.

Dieses Buch wird Sie mehr und mehr dazu motivieren, den aktiven Part in virtuellen Treffen zu übernehmen. Das heißt, Sie werden nicht länger nur als eingeladener Teilnehmer* oder Konsument diese Kommunikationsplattformen nutzen. Sie werden selber Online-Begegnungen konzipieren, planen und durchführen. Oder eine aktive Teilnehmerrolle übernehmen. Sie werden virtuell führen, begeistern, motivieren, gut zusammenarbeiten und Ihr Wissen teilen. So prägen Sie maßgeblich die Stimmung, den Geist des Miteinanders und der Zusammenarbeit. Die Rolle, die Sie sie sich im virtuellen Raum geben, entscheidet darüber, was Sie bewirken können. Das ist nicht anders als in einem gewöhnlichen Präsenz-Meeting! Und Sie können virtuell viel bewirken, wenn Sie wissen wie! Virtuelle Treffen können als menschlicher, lebendiger Begegnungsraum gestaltet werden. Als Raum für intensiven Austausch, für Beziehungen, für Zielerreichung. Wenn Sie mit Lust und Neugierde das Thema eKommunikation angehen, werden auch Sie positive Überraschungen erleben – mit dem von uns entwickelten und hier vorgestellten KAViA-Prinzip noch schneller. Dazu mehr auf Seite 22.

Vier Wörter zum Schluss der Einleitung

Verben heißen in Deutsch so treffend Tunwörter. Nun vier „Tunwörter" für Ihren Lernerfolg:

wollen – wissen – können – anwenden!

Dass Sie dieses Buch gekauft haben, steht schon für Ihr Wollen – Ihr Wollen, mehr zu wissen. Das gilt natürlich auch für die Hörbuchfassung. Dieses Buch wird Ihnen dieses Wissen vermitteln. Können vermitteln aber kann dieses Buch nicht. Übrigens wie jedes Medium! Dazu braucht es noch mehr Ihres Wollens – es braucht Ihr (Zu-)Tun, Ihr Anwenden!

Deshalb: Probieren Sie das Gelesene gleich aus, am besten spielerisch im Privaten, wenn es um wenig geht. Reflektieren Sie die Wirkung, die Sie mit Ihrer eKommunikation erreichen. Wenn Sie noch nicht zufrieden sind, verändern Sie etwas, probieren Sie Neues aus. So wird Ihre Lernkurve schnell steil und Sie werden gelassen und sicher im virtuellen Raum auftreten – das versprechen wir Ihnen!

Nun wünschen wir Ihnen viel Spaß auf Ihren neuen eKommunikations-Wegen mit dem KAViA-Prinzip. Freuen Sie sich über Neuentdeckungen auf diesem vorgestellten Weg. Probieren Sie Seitenpfade aus. Kommen Sie zum Ziel! Freuen Sie sich auf mehr Wirkung in Ihrer virtuellen Kommunikation. Sie werden es mehr und mehr in der Zukunft brauchen!

Siegfried Bütefisch
Ulrike Möller

Übrigens: Wenn in diesem Buch von *wir* die Rede ist, meinen wir uns und unsere Erfahrungen mit der eKommunikation.

Überlegen Sie einmal, wie viel Zeit Sie im Auto, im Zug oder im Flugzeug verbringen, um in Dialog zu treten! Ist das immer sinnvoll investierte Zeit für Sie? Wenn nicht: Probieren Sie, öfter diese Ziele mit eKommunikation zu erreichen.

Technik-Know-How

■ Tools für virtuelle Treffen beherrschen

Was brauchen Sie an Ausstattung?

Manche von Ihnen können dieses Kapitel schnell überfliegen. Aber zu viele wissen zu wenig über die Tools für virtuelle Treffen und deren Möglichkeiten. Immer wieder hören wir Fragen wie: Was brauche ich an Equipment? Was muss ich dafür installieren? Wie komme ich überhaupt in ein virtuelles Treffen? Was ist mit dem Datenschutz und meiner Privatsphäre? Das macht virtuelle Treffen unnötig schwer – für alle! Deshalb jetzt ein erster Überblick, bevor es am Ende dieses Kapitels konkret darum geht, wie Sie Ihr Technik-Know-How verbessern.

Für ein virtuelles Treffen brauchen Sie vier Dinge:

- **Eine Internetverbindung:** Diese ist notwendig, damit Bild, Ton, Texte und Dokumente bei Ihnen am Computer, Laptop, Tablet oder Smartphone ankommen. Bei einigen Tools können Sie auch mit jedem normalen Telefon teilnehmen – dann natürlich nur per Audio.

- **Software-Tools wie Skype, Teams, Zoom + Co.:** Aber auch Social-Media-Plattformen, Telefon-Apps und Messenger (wie Whats App, FaceTime und Viper,...) entwickeln ständig neue Funktionen, die einfache virtuelle Treffen unkompliziert möglich machen.

- **Hardware und eventuelles weiteres Zubehör:** Computer, Laptop, Tablet, Smartphone mit Kamera und Mikrofon. Bessere Qualität bieten externe Kameras, Mikrofone bzw. Headsets. Übrigens: Ein gutes Aufnahmelicht und ein externes Mikro lohnen sich immer! Hohe Professionalität erreicht man durch speziell ausgestattete virtuelle Meingräume mit Großbildschirmen.

- **Menschen, die kommunizieren wollen – eigentlich das Wichtigste:** Ganz vereinfacht dargestellt: Ein Teilnehmer oder Moderator öffnet sein Software-Tool (z. B. Skype, Zoom, Teams, Slack...) und lädt andere ein, dem virtuellen Treffen beizutreten. Das geschieht entweder direkt aus dem Softwaretool oder über eine E-Mail mit einem Einwahllink. Klickt der andere den Link an, kann er beitreten. Hat er das Software-Tool noch nicht installiert, wird er aufgefordert, dieses zu tun. Das dauert unter einer Minute und muss nur einmal geschehen. Natürlich kann man den Zugang zum Meeting zusätzlich mit einem Passwort schützen.

Funktionen für Interaktion in virtuellen Treffen

Die Standardfunktionen sind:

- **Audio- und Videoübertragung:** Alle Teilnehmenden sind in Echtzeit zu hören und zu sehen, wenn die Teilnehmenden ihr Mikrofon offen und das Video eingeschaltet haben. Wenn man nichts sagen möchte, lässt man sein Mikrofon ausgeschaltet. Das vermeidet Hintergrundrauschen- und geräusche.

- **Chat:** Das Austauschen von geschriebenen Textnachrichten in Echtzeit. Erweiterte Chatfunktionen erlauben das Austauschen von Dateien.

Je nach Funktionsumfang der einzelnen Tools und ob man eine kostenlose oder kostenpflichtige Lizenz nutzt, sind weitere Funktionen möglich:

- **Kommentar und Reaktionsfunktionen:** Durch Kurztexte, Handzeichen- und weitere Symbole kann schnell und direkt Rückmeldung gegeben werden.

- **Screen Sharing, d. h. den eigenen Bildschirm zeigen und teilen:** Damit können Bildschirminhalte aus allen Programmen wie Texte, Tabellen, Folien, Grafiken, Whiteboards, Videos u. ä. zum Austausch genutzt werden.

- **Gruppenräume, Breakout-Sessions:** Damit können große Gruppen geteilt und intensive Kleingruppenarbeit auch im virtuellen Raum möglich gemacht werden.

In kostenpflichtigen Organisationslizenzen sind überdies hilfreiche Funktionen für die Dokumentation (z. B. Aufzeichnungen, Speicherplatz) und Orga (z. B. automatisierte Einladungen, Abrechnungsfunktionen) integriert. Auch ein Branding, eine individuelle Gestaltung, ist möglich.

Kollaborationstools für Umfragen, Quiz, Whiteboards wie Mentimeter, Voxr oder Miro erweitern die Möglichkeiten, Teilnehmende zu aktivieren und einzubinden.

13

- **Integration weiterer Geräte wie Tablets, Smartphones, weitere Kameras und Mikrofone:** Die Funktion anderer Hardware wird für das Treffen genutzt, z. B. die Handykamera für eine weitere Ansicht, das Tablet zum Visualisieren.

- **Umfragen und Aufgaben erstellen:** Eine gute Möglichkeit, um Teilnehmende zu aktivieren. Die Ergebnisse geben zudem wichtige Informationen für alle Beteiligten. Hier bieten spezielle Tools für Interaktion mehr Möglichkeiten.

- **Fernzugriff auf Rechner von Teilnehmenden:** Mit dieser Option können technische Probleme schnell und einfach gelöst werden oder Bedienfunktionen aus der Ferne gezeigt und effektiv trainiert werden.

- **Umwandlung Sprache in Text:** Gesprochenes wird automatisch in ein schriftliches Protokoll umgewandelt. Das spart Arbeit!

- **Videoaufzeichnung des Treffens:** Teilnehmer können, wenn vereinbart und zugelassen, Wichtiges aufzeichnen und später "nachschauen". Wichtig: Auf Datenschutz besonders hinweisen!

Die Moderatorin, der Moderator

Ein Moderator, auch Host genannt, hat die wichtige Aufgabe diese Funktionen, passend zu Konzept, Anlass und Situation freizugeben oder zu sperren. Dabei ist zu bedenken: Mehr Funktionen ermöglichen mehr Interaktion und Abwechslung, fordern aber auch mehr Bedienungsfertigkeiten von den Teilnehmenden und können verwirren. Zu wenig Funktionen dagegen erschweren die Interaktion. Finden Sie die Balance. Im Kapitel *intensive Interaktion* bekommen Sie viele Anregungen für den angemessenen Einsatz dieser Mittel, um Ihre Teilnehmenden gekonnt zu führen und zu motivieren.

Für die Dozenten und Trainer unter Ihnen: Der gezielte Wechsel der Funktionen ist vergleichbar mit dem Methodenwechsel in einem Präsenzworkshop. Methodenwechsel heißt Abwechslung durch unterschiedliche Stimmungen und Ansprache aller Sinne.

Welcher Begriff bezeichnet welches Veranstaltungsformat?

Kennen Sie den Unterschied zwischen *Videokonferenz* und *Online-Meeting*? Zwischen *Webinar* und *eWorkshop*? Zwischen *Online-Event* und *Webcast*? Was bedeutet *Remote Working*, was ist eine *Video-Telko*? Folgende Grafik gibt Ihnen einen Überblick – in dem Wissen, dass die Übergänge fließend sind und nicht jeder die Begriffe gleich verwendet. Auch kommen neue Formate dazu, wie beispielsweise das *digitale Frühstück*.

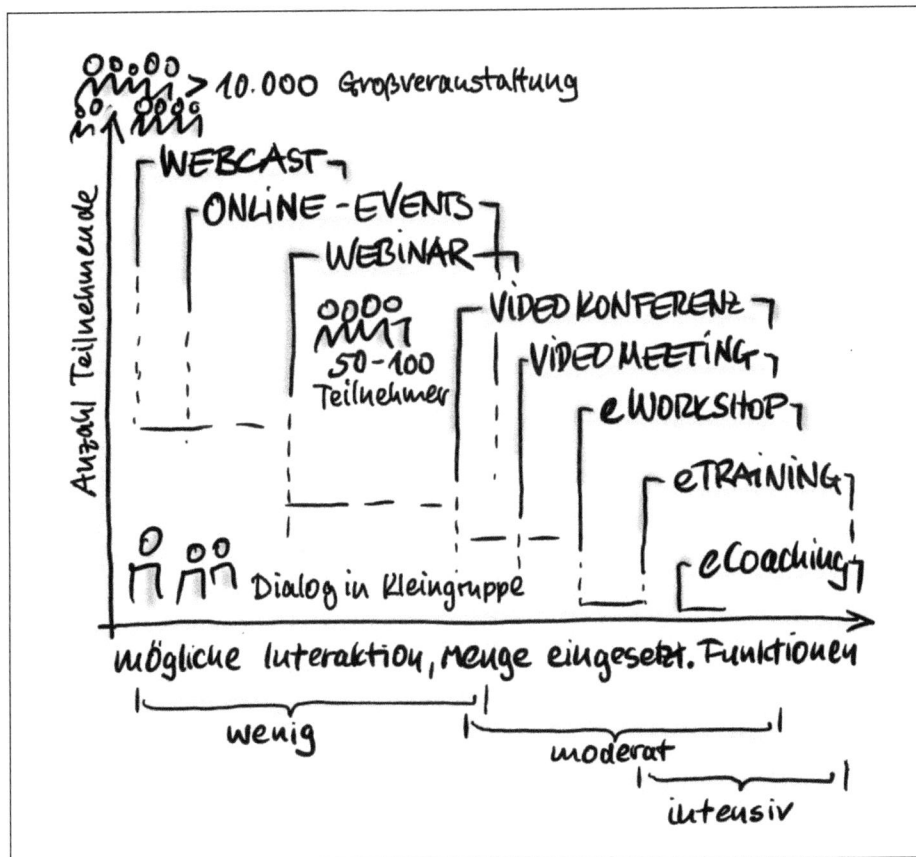

Remote Working: Arbeiten von überall aus – vom Büro, über das Homeoffice bis hin zum Strand.

Webinare bzw. Webcasts: Wenige Sprecher und Moderatoren vermitteln Wissen. Nicht länger als 60 Minuten. Webinartools bieten Funktionen rund um Organisation, Durchführung und Abrechnung. Übrigens: Webinar ist ein noch bis 2022 geschützter Begriff.

Webcast: Wortschöpfung aus Web und Broadcasting: Fernsehsendung für das Web.

Web- bzw. Videokonferenz, Videomeeting, Video-Telko: Erfahrungsaustausch, Diskussion, fachliche Vorträge. Mehrere Sprecher plus Moderator. Große Gruppen möglich, aber meist übliche Meeting-Gruppengröße. Der jeweilige Sprecher ist live im Video zu sehen.

Onlinemeeting: Oft gebraucht als Synonym für Videomeeting, manchmal aber als Bezeichnung für ein Meeting ohne Video.

(live) Online-Events: Meist kostenpflichtige, werbliche Veranstaltungen, die Unterhaltungswert versprechen.

eWorkshops, eTraining, eCoaching: interaktive, digitale Wissensvermittlung.

digitales Frühstück, virtuelles Barcamp u. ä.: virtuelle informelle Treffen mit Raum für Smalltalk.

■ Konkrete Tipps zu den Tools und deren Verwendung

Morgen ist heute schon nicht mehr aktuell

Nach dieser Übersicht wollen Sie jetzt, gerade wenn Sie neu starten, sicherlich mehr wissen. Vielleicht: Wie bediene und installiere ich diese Tools? Wie genau lade ich Teilnehmer ein? Welche Plattformanbieter sind heute auf dem Markt? Was kosten mich professionelle Lizenzen und welche ist für mich geeignet? Was ist datenschutzrechtlich zu beachten?

Wenn Sie in diesem Buch auf diese und alle Ihre Fragen Antworten finden würden, wäre dieses Buch ein Wälzer geworden – und schon in wenigen Wochen veraltet. Das ist auch nicht nötig, denn dieses Wissen ist nur einen Klick entfernt!

Gehen Sie ins Internet

Falls Sie Google trotz oder gerade wegen des Marktanteils von weit über 90 Prozent oder weiteren Gründen ablehnen, nutzen Sie eine Alternative.

Suchen Sie in Google, Youtube und bei dem jeweiligen Tool-Anbieter nach Tutorials, Webinaren und Anleitungen. Mit diesen konkreten Hilfestellungen lernen Sie schnell die Basisfunktionen in der Bedienung. Und dann probieren Sie das einfach mal aus – am besten ganz inoffiziell mit Freunden und Kollegen, nicht gleich bei einem wichtigen Anlass. Das machen wir übrigens, trotz Erfahrung, auch so. Gerade die am meisten verwendeten Tools haben zudem eine gute Hilfefunktion auf ihren Startseiten integriert. Dazu kommt: Je mehr Anwender ein Tool nutzen, umso mehr Informationen finden sich zusätzlich in Fachforen. Wichtig ist eigentlich nur, dass Sie eine passende Suchanfrage stellen. Beispielsweise suchen Sie nach:

- Alternative zu Skype, Zoom, Teams,...
- beste Webinarsoftware, top Webinar Software
- Tools für Videomeetings

- Tools für eLearning
- Tools für digitale Interaktion
- Datenschutzprobleme bei ...
- Tutorials zu ...
- Problem mit ...

Achten Sie darauf, ob die Artikel, die Sie gefunden haben, noch aktuell sind. Ist der Beitrag ein halbes Jahr alt, sind die Informationen meist schon veraltet.

Halb so wild – wer ein Tool kennt, kommt mit den anderen klar

Virtuelle Treffen erfordern nicht viel technisches Können und werden immer benutzerfreundlicher. Die meisten Großeltern, sogar ohne Computerkenntnisse, lernen schnell, sich in wenigen Minuten mit ihren Kindern und Enkeln virtuell zu treffen. Das Wissen über die Möglichkeiten und individualisierten Einstellungen der Tools wird erst dann wichtiger, wenn Sie als Moderator und Veranstalter auftreten und Meetings selbst planen und einrichten. Dann sollten Sie technisch auf einem aktuellen Stand sein. Auch werden Sie bei virtuellen Treffen zwangsläufig verschiedene Tools kennenlernen und nutzen. Und Sie werden an jedem Tool etwas auszusetzen haben. Aber es ist wie beim Autofahren: Haben Sie schon Fahrpraxis, kommen Sie genauso mit einem fremden Auto sicher ans Ziel. Auch werden Sie von Zeit zu Zeit einmal eine digitale Panne erleben – Die ist aber meist weitaus schneller und billiger gelöst als vom ADAC und der Werkstatt. Und noch etwas zur eventuellen Beruhigung: Sie kennen sicher die *Pareto-Regel*. Mit 20 Prozent des Aufwands erreichen Sie 80 Prozent des Ergebnisses. Sie müssen wirklich kein Nerd werden, um diese Tools sicher nutzen zu können. Nicht selten bewirkt Technikfixierung, funktionsverliebt zu kommunizieren – und die Teilnehmenden haben als Mensch das Nachsehen. Um Teilnehmende zu erreichen, hilft ein gutes Konzept – dazu gleich mehr im übernächsten Kapitel.

Egal, welche weiteren Suchphrasen Sie eingeben: Sie landen meist bei den gleichen Seiten.

Stand Mai 2020 waren die meist verwendeten Tools für virtuelle Treffen im Business- /bzw. Hochschulkontext:

Microsoft Teams

Skype, Skype Business

Zoom

Webex

GoToMeeting

Big Blue Button

■ Der Datenschutz. Ja, aber …

Ein Plädoyer für den Mittelweg

„Erkenne Dich selbst". Das ist die bekanntere der Inschriften am Tempel zu Delphi. Die andere Inschrift lautet: „Nichts im Übermaß".

Wir finden, diese Aussage „Nichts im Übermaß" ist gerade heute wichtig und bewahrt uns davor, in extreme Haltungen abzurutschen. Wer sich in einen Datenschutz-Hochsicherheitstrakt zurückzieht, wird wenig Kontakte haben; wer Tür und Tor gedankenlos offen stehen lässt, braucht sich über ungebetene Gäste und Diebstahl nicht zu wundern. Licht und Schatten, Chancen und Risiken, Übervorsichtigkeit und Leichtsinn – diese Polaritäten gehören zum Leben. Wer etwas bewegen möchte, sollte weder links noch rechts von der Straße abkommen. Auf dem Mittelweg, und das hat nichts mit Mittelmaß zu tun, kommt man am besten voran. Denken Sie zurück in Ihre Kindheit: Mit wem wollten Sie gern spielen? Mit dem „Ja, aber-Sager", der an allem etwas auszusetzen hatte und jedes Abenteuer scheute? Oder mit einem, der Sie zu immer waghalsigeren Mutproben drängte? Wahrscheinlich mit keinem. Mit einem Spielverderber spielen zu wollen ist fast unmöglich. Zusammenarbeiten übrigens auch. Aber auch mit einem, der blindlings Gefahren übersieht, spielt man nicht lange. Genauso wenig wird man mit ihm eine erfolgreiche Geschäftsbeziehung pflegen können.

Deshalb: Wer extreme Haltungen einnimmt, verprellt Mitspieler und Mitstreiter. Genauso werden wir uns mit extremen Haltungen beim Datenschutz und in der eKommunikation um Chancen bringen. Wir verlieren unsere Handlungs- und Kommunikationsfähigkeit in wichtigen Bereichen bzw. Situationen. Es werden nur wenige Nischen übrig bleiben, in denen man sich der Digitalisierung und der digitalen Kommunikation verweigern kann. Sehen wir die Dinge realistisch: Nicht jedes virtuelle Treffen erfordert Hochsicherheitsanforderungen hinsichtlich der Vertraulichkeit. Die ist bei üblichen geschäftlichen Besprechungen, wenn man genau hinschaut, auch nicht gegeben. Auch

Beide Autoren sind alles andere als Nerds und schätzen den analogen Teil ihres Lebens sehr. Wenn wir Sie jetzt mit unserer persönlichen Meinung zum Datenschutz und zur Digitalisierung provozieren, ist das Absicht! Zu oft erleben wir, gerade wenn es um eKommunikation geht, Spielverderber, Bremser, Closed Minds, die Mögliches durch ihr „Ja, aber…" erschweren. Schade für die Aufbruchbereiten, Motivierten. Schade um die Chance, manches zum Besseren zu verändern.

im Hörsaal könnte eine Lehrveranstaltung unbemerkt aufgenommen werden – und das passiert. Das Gleiche gilt für jedes Gespräch. Die Welt geht wegen Google, Facebook und Co. nicht unter – auch, wenn der kritische Blick auf diese Konzerne berechtigt ist. Wir leben heute als Menschheit im Gesamten unbedrohter und haben mehr Möglichkeiten denn je. Schauen Sie in die Geschichtsbücher! Ja, Datenschutz ist notwendig, denn Daten sind die Währung der Digitalisierung. Daten sind das (Erd-)Öl der Zukunft. Das hat Vor- und Nachteile! Aber noch so hohe Deiche werden die Digitalisierung nicht aufhalten. Bauen Sie besser sichere Schiffe. Verlassen Sie den Hafen und gehen auf Entdeckungs- oder Handelstour – als verantwortlicher Kapitän und nicht als Galeerensträfling auf der Ruderbank. Ein guter Kapitän kennt die Risiken, ist über die (Wetter-) Lage informiert und trifft verantwortungsvolle Entscheidungen – für die Crew, für sich und für die Gesellschaft.

Erkenne dich selbst! Zu oft denken wir an das Große, auf das wir keinen Einfluss haben – und vergessen das Kleine vor unserer Haustür! Z. B. unsere unsicheren Passwörter.

Ein Plädoyer für Qualität

Mit jedem Werkzeug können Sie Gutes und Schlechtes tun. Sie können mit den gleichen Buchstaben einen billigen Groschenroman schreiben, einen gefeierten Bestseller oder ein gutes Sachbuch. Sie können mit einem scharfen Messer Brot schmieren, etwas Sinnvolles schnitzen oder jemanden erstechen. Das Gleiche gilt für die virtuelle Welt und die eKommunikation. Sie ist verführerisch. Zweifelsohne! Wir können uns in der Sucht nach Ablenkung, Zerstreuung und nichtssagender eKommunikation verlieren. Wir können zum antriebslosen Konsumenten werden oder andere dazu verführen es zu werden. Wir können unsere Zeit in virtuellen Meetings totschlagen oder andere tödlich langweilen. Der Sirenengesang des Virtuell-Digitalen kann Sie vom Mittelweg abbringen. Wir können damit aber auch viel Sinnvolles auf den Weg bringen! Wenn Sie und wir es wollen und tun!

„Erkenne Dich selbst" – Hinter was können und möchten Sie stehen?

Was ist Ihnen so wichtig, dass Sie „Ja" zu den digitalen Möglichkeiten sagen und nicht generell „Ja, aber"? Seien Sie kein Spielverderber, gestalten Sie die eKommunikation mit Qualität und Sinn! Und mit folgenden Tipps zur Datensicherheit:

Für den Mittelweg klären Sie bitte folgende Fragen:

Wird, wie meistens, auf ein so genanntes Saas-Tool (Software as a Service) wie Skype, Zoom und Co. zurückgegriffen, sollten Sie folgendes beachten. Bei Unternehmen und Organisationen werden Ihnen die folgenden Entscheidungen von den zuständigen Datenschutz- bzw. IT-Beauftragten abgenommen:

- Ziehen Sie die Business-Version des gewünschten Tools vor. Diese Versionen bieten oft höhere Sicherheitsstandards.

- Wo wird das Tool gehostet? Wenn möglich, ziehen Sie EU-Server vor, da diese unmittelbar den Vorgaben der DSGVO unterliegen und ein angemessenes Sicherheitsniveau gewährleisten. Bei Tools, deren Server außerhalb der EU oder des Europäischen Wirtschaftsraums (EWR) betrieben werden oder Daten in diese sogenannten „Drittländer" übermitteln, klären Sie das Sicherheitsniveau. Unternehmen und Organisationen schließen am besten mit den Saas-Anbietern einen Auftragsverarbeitungsvertrag nach den Richtlinien der DSGVO ab (Art. 28 DSGVO).

- Nutzen Sie Tools, die in der Lage sind, alle gesendeten Daten End-to-End verschlüsselt zu übertragen.

- Konfigurieren Sie die Datenschutzeinstellungen im Tool so, dass es nicht zu einer unzulässigen Datenverarbeitung kommt, die nicht über die Vereinbarung mit den Teilnehmenden abgedeckt ist.

- Treffen Sie mit den Teilnehmenden eine Vereinbarung über das/die verwendeten Tool/s und die genutzten Funktionen. Eindeutig geklärt gehören u. a. der Video- und Audiomitschnitt, das Bildschirm- und Dokumententeilen, die Speicherung des Chatverlaufs bzw. der Einsatz von Remote-Funktionen. Auch muss das Speichern und Weitergeben von persönlichen Teilnehmerdaten geklärt werden.

- Löschen Sie übermittelte Dateien, aufgezeichnete Videomitschnitte oder Fotos nach dem in der Vereinbarung festgelegten Zeitraum.

- Versenden Sie Einladungslinks nur an Personen, die sich angemeldet haben oder die mit dem Thema zu tun haben.

- Achten Sie darauf und sensibilisieren Sie die Teilnehmenden, dass beim Bildschirm teilen keine unnötigen oder vertraulichen Inhalte, Dateien oder Links zu sehen sind.

- Ähnliches gilt für den übertragenen Hintergrund. Achten Sie darauf, was auf Kalendern, Whiteboards, Regalen und Flipcharts im Hintergrund zu sehen ist. Blurring-Funktionen können den Hintergrund unscharf stellen und helfen damit, die Privatsphäre zu wahren.

- Achten Sie darauf, dass Teilnehmende keine Einwahllinks weitergeben.

- Wenn möglich, starten Sie das Meeting mit einem Warteraum. Dadurch haben Sie die Kontrolle, ob auch nur geladene Teilnehmende im Meetingraum sind.

- Schützen Sie Einwahllinks durch eine ID bzw. ein Passwort. Verwenden Sie keine „dauergültigen" Einwahllinks, wenn Sie die Teilnehmenden nicht gut kennen.

- Achten Sie auf Copyright-Rechte und weisen Sie darauf hin. Fremde Fotos, Abbildungen, Videos, Audiofiles, Texte u. ä. unterliegen dem Urheberschutz.

- Achten Sie auf das Recht am eigenen Bild. Wenn nicht anders vereinbart, dürfen Sie keine Screenshots oder Videoaufnahmen von den Teilnehmenden im Meeting machen. Das Gleiche gilt auch für Tonmitschnitte.

Machen Sie sich unbedingt im Vorfeld über diese Dinge Gedanken und handeln entsprechend. Daten, die schon übertragen oder verarbeitet worden sind, können nachträglich nicht mehr „eingefangen" werden. Sparen Sie sich den unnötigen Ärger.

Bleiben Sie stets über aktuelle Datenschutzthemen informiert: Googeln Sie immer mal wieder, was datenschutzrechtlich bei den von Ihnen verwendeten Tools zu beachten ist.

Durch entsprechende Einstellungen, Hinweise und Vereinbarungen bewegen Sie sich im rechtlich sicheren Fahrwasser.

Im Internet werden Sie schnell rechtssichere Vereinbarungen mit Teilnehmenden und aktuellen Informationen zum Datenschutz ausfindig machen. Googeln Sie z. B. nach „Teilnehmervereinbarungen für Videokonferenzen" und schauen unter:

https://datenschutz-generator.de

Das KAViA-Prinzip

■ Ihre Erfolgsfaktoren: Impulse und Checklisten

Fünf Faktoren: Fünf Buchstaben, die Ihre eKommunikation verbessern

Das von uns entwickelte KAViA-Prinzip hilft Ihnen, das Wesentliche der eKommunikation stets im Blick zu behalten und schnell zu verinnerlichen. Ansatzpunkt ist dabei:

- **Ihr Mindset**: Ihre innere Haltung zur eKommunikation.
- **Ihr Skillset**: Ihre Fähigkeiten im Umgang mit eKommunikations-Tools.
- **Ihr Toolset**: Der gezielte Einsatz passender eKommunikations-Werkzeuge.

Menschen waren schon immer erfinderisch darin, Kommunikation von der physischen Präsenz unabhängig zu machen – von Rauchzeichen und Feuerzeichen über Morsetelegraphen bis hin zu Funk, Telefon und Fernsehen. Heute nutzen wir dafür den digitalen elektronischen Austausch – vor allem über das Internet.

Nur wenn Mindset, Skillset und Toolset zusammenspielen, gelingen virtuelle Treffen. Wichtig darüber hinaus: Gelungene Kommunikation hat nicht nur in virtuellen Treffen eine bewusste und unbewusste Komponente. Zielführende Kommunikation ist immer eine Mischung aus Planung und intuitiv die „Welle reiten". So steht KAViA für einen Übungsweg: vom unbewussten Nichtwissen über das bewusste Nichtwissen hin zur bewussten Kompetenz. Mit dem Ziel der unbewussten Kompetenz – der Meisterschaft.

Die fünf Buchstaben von KAViA stehen für:

K onzept

A ufnahmesituation

V isualisierung

i ntensive Interaktion

A usdruck

Der Mensch im Mittelpunkt

Es ist kein Zufall, dass das „i" gleich für zwei Wörter, nein sogar drei Wörter steht: für **intensive Interaktion** und **Inspiration**. Denn nur, wenn wir Menschen erreichen, überzeugen und für unsere oder eine gemeinsame Sache gewinnen, werden wir Erfolg im Business haben. Privat ist es nicht anders. Gute Kommunikation ist zielgerichtet und misst sich am Ergebnis! Wir haben uns gerade auf diese fünf Faktoren konzentriert, da diese auch dann gültig bleiben, wenn sich die Tools in der eKommunikation technisch weiterentwickeln – und das werden sie rasant. KAViA fokussiert sich auf „Analoges", auf Menschliches, auf Bedürfnisse und Verhalten. Unsere Genetik verändert sich viel langsamer als unsere Werkzeuge. Mit dem KAViA-Prinzip werden Sie der Unterschiedlichkeit von Persönlichkeiten, Situationen, Stimmungen und kulturellen Prägungen gerecht. Sie kommunizieren angemessen, flexibel und individuell. Denn wie gerade schon betont: Kommunikation lässt sich nicht in jedem Punkt vorausplanen und vorausberechnen – und das ist gut so. Kommunikationspartner sind keine Maschinen. Menschen können

Mit Humor, mit Schmunzeln und Lachen schaffen Sie ein starkes gemeinsames Band. Humor schafft Augenhöhe – deshalb ist Humor für Fundamentalisten „des Teufels".

besser *psycho*logisch als logisch verstanden werden. Ein gutes, zielführendes Konzept ist deshalb weniger ein starres Gerüst, als ein atmender Rahmen. Es ist ein Spielfeld, auf dem sich lebendige Kommunikation entfalten kann. Denken Sie an ein Fußballspiel: Ein Fußballfeld ist genormt, aber jedes Spiel entwickelt sich anders und oft unvorhersehbar – aber trotzdem bleibt es Fußball und wird hoffentlich nicht zum Rugby.

Deshalb brauchen Sie, egal ob on- oder offline:

- Mitspieler und ein Spielfeld;

- klare Spielregeln, die eingehalten werden;

- Aufmerksamkeit für Ihr Gegenüber, die Gruppe, die Situation;

- Konzentration auf den Augenblick, auf das, was jetzt gerade geschieht;

- eine gute Wahrnehmung mit allen verfügbaren Sinnen;

- Motivation, Emotion, Aktivität und Entscheidungsfähigkeit.

Diesen sechs Aspekten können Sie nur gerecht werden, wenn die Technik nicht zu viel Aufmerksamkeit erfordert.

Noch ein Gedanke zum Spielfeld, den Spielern und den Zuschauern

Dieses Buch wurde im August 2020 fertiggestellt – noch in der Zeit der Fußball-Geisterspiele. Spannend, wie die Reaktionen der Tribüne durch Anerkennung oder Ablehnung die spielenden Akteure beeinflussen. Auch die, die nicht auf dem Platz Tore schießen, gehören dazu. Je größer die Gruppe in virtuellen Begegnungen, umso mehr Tribünenplätze gibt es. Wie geht es Ihnen als SpielerIn, wenn die Tribüne schweigt? Wie könnte eine virtuelle La-Ola-Welle aussehen? Wie reagieren Sie auf Jubel und Pfeifkonzerte? Wie vermeiden Sie, dass Zuschauer das Spielfeld stürmen? Oder würden Sie vielleicht gerne Zuschauer zu aktiven, Verantwortung übernehmenden Mitspielern machen? Alles Fragen, mit denen wir uns in diesem Buch noch intensiver beschäftigen werden.

Ein Hinweis zu den Checklisten

Jeweils am Ende der nun folgenden Kapitel *Konzept*, *Aufnahmesituation*, *Visualisierung*, *intensive Interaktion* und *Ausdruck* finden Sie eine doppelseitige Checkliste: Eine Schreibtischvorlage, um das Wichtigste stets vor Augen zu haben. Denn in der Live-Situation eines virtuellen Treffens haben Sie nicht die Zeit, sich an schon Gelesenes zu erinnern. Die Erfahrung hat gezeigt, dass es Moderatoren genauso wie Teilnehmenden hilft, sich nochmals die wichtigsten Erfolgsfaktoren für gelungene Veranstaltungen durchzulesen. Oft sind es nämlich die einfachen Dinge, die untergehen. Das muss nicht sein – lassen Sie sich von diesen Checklisten leiten! Auch wir nutzen diese immer wieder.

In unseren Lehrveranstaltungen, Workshops und Trainings halten wir uns an die Regel Albert Einsteins:

Man muß die Dinge so einfach wie möglich machen. Aber nicht einfacher.

Das ist auch keine schlechte Regel für Zusammenfassungen in einem Buch. Deshalb haben wir für noch mehr Übersichtlichkeit jede Checkliste nochmals in je drei Level für unterschiedliche Anlässe unterteilt:

- **Level 1 – Wenig Aufwand, aber effektiv:** Für schnelle Absprachen ohne große Vorbereitung. Mit Menschen, die man kennt.

- **Level 2 – Professioneller Standard:** Z. B. wenn unbekannte Teilnehmende eingeladen, begrüßt und integriert werden müssen und es um Wichtiges geht.

- **Level 3 – Mehr Investition für besondere Wirkung.** Für hohe Ansprüche, Anforderungen und komplexe Sachverhalte. Für Veranstaltungen, die Ihnen ganz besonders am Herzen liegen.

Lassen Sie sich nun KAViA schmecken.

Konzept

■ Inhalt, Fokus, Organisation – strategisch zum Erfolg

Wichtig für Veranstalter und aktive Teilnehmende: Der rote Faden

Je aktiver Sie kommunizieren, umso mehr können Sie bewegen. Aktive Kommunikation bedeutet aber nicht, viel zu reden. Im Gegenteil: Wichtig ist aktives Zuhören, um auf die Teilnehmenden eingehen zu können! Um immer daran zu denken, merken Sie sich den Leitspruch: *Warum hat der Mensch nur einen Mund, aber zwei Ohren?*

Eine Konzeption ist niemals Selbstzweck. Vergleichbar mit einem guten Spickzettel! In der Kürze liegt die Würze.

Diese aktive Rolle wird in der eKommunikation besonders wichtig, wenn Sie als Moderierender oder als Dozierender die Verantwortung für ein virtuelles Treffen haben. Diese Aktivität sollten Sie planen – das ist in der eKommunikation noch wichtiger als in der analogen Kommunikation. Denn in der virtuellen Kommunikation haben Sie weniger Sinneswahrnehmungen. So können Sie Teilnehmer schwieriger lesen und führen sowie auf diese improvisierend reagieren. Diesen nicht wegzudiskutierenden Mangel können Sie mit guter Vorbereitung, klarer Struktur und einem schriftlichen Konzept ausgleichen. Deshalb ist dieses Kapitel ein Arbeitskapitel. Den größten Nutzen ziehen Sie daraus, wenn Sie nun die folgenden 30 Fragen für „Ihr Thema" beantworten.

Drei wichtige Gedanken an dieser Stelle! Erstens: eKommunikation hat auch Vorteile gegenüber der Präsenzkommunikation. Dazu später im Kapitel *intensive Interaktion* mehr. Zweitens: Jede Kommunikationssituation profitiert von einem guten Konzept! Drittens: Jedes gute Konzept ist nicht starr, sondern muss situationsgerechte Improvisation erlauben. Was macht ein gutes Konzept aus? Dazu ein Blick auf die Wortherkunft: Konzept kommt vom lateinischen *conceptio* und heißt *Aufnahme, Auffassung, Zusammenfassung.* Das sind alles wichtige Begriffe für wirksame Kommunikation – und die gelingt am besten spannend, begeisternd und mit unterhaltsamer Note, auch wenn das motivierend Unterhaltsame noch nicht in jedem Unternehmen und nicht in jeder Hochschule angekommen ist. Aber dieses Thema bietet Stoff für ein eigenes Buch.

Wie werden Ihre Botschaften wirkungsvoller?

Indem Sie Ihre Botschaft auf den Punkt bringen. Indem Sie nicht Köpfe füllen, sondern das in den Mittelpunkt stellen, was Ihre Zielgruppe wirklich bewegt – intrinsisch, also selbstmotiviert. Um das zu erkennen, überlegen Sie deshalb gleich:

- Was nutzt Ihrer Zielgruppe, was löst ein wichtiges Problem?
- Welche Gliederung verstärkt Motivation, Verständnis und Überzeugung?
- Und ganz wesentlich: Wieviel Stoff können Sie überhaupt in die verfügbare Zeit packen?

Für manche virtuelle Treffen reichen schon die Antworten auf diese drei Fragen als roter Faden. Das kostet Sie nur wenige Minuten Vorbereitungszeit für einen Spickzettel mit wenigen Stichpunkten. Bei längeren und wichtigen Veranstaltungen sollten Sie aber mehr in die Tiefe gehen. Meist dauert die Entwicklung einer Konzeption dann länger als die Veranstaltung an sich. Eine Zeitinvestition, die sich lohnt – aus folgenden Gründen:

- Sie erreichen Ihre Zielgruppe und Ihre Ziele besser und effizienter – denn Sie haben sich mit den Bedürfnissen der Teilnehmenden beschäftigt und Ihre Veranstaltung darauf ausgerichtet.
- Sie sparen unter dem Strich Zeit – denn Sie denken nicht unnötig im Kreis herum und setzen rechtzeitig den Rotstift an.
- Sie gewinnen an Sicherheit und Selbstvertrauen – denn Sie haben einen roten (Sicherheits-)Faden.
- Sie minimieren unliebsame Überraschungen – und haben deshalb
- mehr Freiheit für Improvisation, für lebendige Interaktion, für das nicht Geplante.

Sie werden jetzt erfahren, wie Sie so eine zielführende Konzeption entwickeln können. Wenn Sie Papier und Stift zur Hand nehmen, mitmachen und die Fragen beantworten, entwickeln Sie gleich „Ihr Konzept" für ein Thema, das Ihnen wichtig ist.

Agil statt rein linear vorgehen

Eine Zwischenbemerkung: Oft werden Konzeptionen als Wegbeschreibung verstanden, um effektiv von A nach B zu kommen. Also von einer Problemstellung A zu einer klar definierten und bekannten Lösung, dem Ziel B.

Die Herausforderungen der modernen Welt werden auch mit dem Begriff VUCA beschrieben:

VUCA ist ein Akronym, abgeleitet von den Begriffen:
volatility = Flüchtigkeit
uncertainty = Unsicherheit
complexity = Komplexität
ambiguity = Mehrdeutigkeit

Unsere Welt, unsere heutige Herausforderungen und Probleme erfordern aber flexiblere Lösungen. Bedürfnisse und Anforderungen sind komplexer und ändern sich schneller. Das heißt, es gibt unter Umständen kein geplantes B mehr, wenn Sie ankommen. Oder der Weg zu B ist plötzlich verschüttet, nicht mehr gangbar. Deshalb müssen Sie agil konzipieren und handeln: Sie müssen auf dem Weg immer wieder die Richtung hinterfragen und gegebenenfalls neu ausrichten – aber ohne ins Gegenteil zu verfallen oder orientierungslos umherzuirren. Diese Art von Konzeption, die Sie nun kennenlernen, hilft Ihnen einerseits, flexibel und agil zu bleiben und andererseits, Ihren roten Faden nicht zu verlieren. Ihr Kompass dabei: Ihre Ziele und die Bedürfnisse der Teilnehmenden.

■ So konzipieren Sie konkret

Verbinden Sie Intellekt mit Intuition

Es gibt einige bewährte Methoden, eine Konzeption zu erstellen. Wenn Sie wollen, googeln Sie einmal „*Konzeption erstellen*". Wir wollen Ihnen in diesem Buch einen ungewöhnlicheren, einen selbst entwickelten Ansatz vorstellen. Dabei erfinden wir aber das Rad nicht neu – sondern kombinieren und nutzen Prinzipien der Rhetorik, der Didaktik, der Werbepsychologie und - wie schon angedeutet - der agilen Projektplanung. Damit haben Sie ein einfaches und zugleich effizientes Werkzeug zur Hand, welches analytisches, logisches Vorgehen mit Intuition und Kreativität verbindet. Dieser Ansatz besteht aus zwei Erfolgsfaktoren, die zusammen einen umfassenden Blick erlauben:

Erfolgsfaktor 1: Haltung und Mindset verändern, querdenken!

Oft denken und handeln wir in gewohnten Bahnen – und wundern uns, wenn alles bleibt, wie es ist. Durch Querdenken, also das bewusste Verändern Ihrer Blickrichtung, kommen Sie auf neue Ideen. So wurde der Klettverschluss erfunden, weil sich der passionierte Jäger Georges de Mestral nicht nur über die Kletten im Hundefell geärgert, sondern das Phänomen Klette unter dem Mikroskop genau betrachtet hat. Die Folge: 1951 wurden das Klettband und der Klettverschluss patentiert. Eine Erfindung, die heute nicht mehr wegzudenken ist. Lassen Sie uns jetzt auch querdenken und auf eine kurze Gedankenreise gehen.

Stellen Sie sich vor, Sie wollen als Gastgeber...

... ein schönes Fest veranstalten. Ein perfekt organisiertes Fest mit besonderer Stimmung. Ein solches Fest beginnt schon mit einer pfiffigen Einladung. Welcher Gegensatz zu der üblichen, automatisch generierten Einladung zu einem virtuellen Meeting. Dazu gibt es Alternativen! Ihr Ziel als Gastgeber: Ein Fest, passend zum Anlass und zu den Gästen. Wenn es eine Pflichtveranstaltung ist: Übertreffen Sie die geringen Erwartungen der Gäste! Sie planen ein Fest mit Überraschungen, mit Unterhaltsamem, mit Spielerischem und Geistreichem. Auf diesem Fest wird gescherzt, man lernt nette Leute kennen und führt interessante Gespräche. Für das leibliche Wohl ist bestens gesorgt und getanzt wird auch. Bewegung schafft Begegnungen. Natürlich soll dieses Fest für Sie und die Gäste unvergesslich bleiben. Und Beziehungen werden geknüpft, die den Rahmen dieses Festes überdauern und sich weiter entwickeln.

Vielleicht sind Sie jetzt irritiert: Sie wollen doch „nur" ein professionelles Business-Meeting oder einen eWorkshop veranstalten oder als Teilnehmer aus so einer Veranstaltung Nutzen ziehen. Sie wollen kein Fest planen oder besuchen, sondern einfach nur effizient virtuell arbeiten. Richtig! Genau das gelingt besser, wenn Sie „mehr Fest" in Ihre virtuellen Treffen bringen! Einige Beispiele dazu:

Was bedeutet für Sie eine festliche Stimmung im Vergleich zur Partystimmung?

Für uns schwingt bei „festlich" immer ein würdevoller Rahmen mit. Etwas zu würdigen heißt, dem Wichtigen Raum zu geben.

Laute Partystimmung, bei der man sich nicht mehr versteht, wäre der Gegenpol – aber auch virtuelle Partystimmung ist in bestimmten Business-Situationen nützlich.

Anlass Krisensitzung, entscheidende Präsentation oder schwierige Verhandlung:

Alles andere als Festtagsstimmung, oder? Wenn Sie in diesen Situationen erfolgreich sein wollen, brauchen Sie Beteiligte, die offen sind für Lösungen. Sie profitieren besonders bei ernsten Anlässen davon, an ein Fest zu denken. An Emotionen, an Unerwartetes, an Höflichkeit. Es geht niemals nur rein um die Sache, sondern immer um die beteiligten Menschen. Schon mit einer sorgfältig getexteten und gestalteten Einladung beeinflussen Sie die Haltung der Beteiligten und damit die spätere Kommunikation im virtuellen Raum. Oder überlegen Sie, wie Sie mit einem unzufriedenen, unglücklichen oder vielleicht sogar schwierigen Gast auf einem Fest umgehen würden. Wahrscheinlich klären Sie das lieber persönlich und nicht vor allen Gästen – auch das ist virtuell möglich, nämlich mit der Breakout-Session Funktion. Und sicherlich vertrauen Sie bei einem Fest auf Ihr Mitstreiterteam, Ihre „Springer", die schnell und flexibel Probleme lösen. Gerade im virtuellen Raum bei schwierigen Gesprächssituationen sind Co-Moderatoren Gold wert, die Ihnen den Rücken freihalten und nötige Freiräume verschaffen.

Anlass Webinare und Workshops:

Sie wollen konzentrierte und aktive, motivierte Teilnehmende. Wie bringen Sie auf einem Fest Menschen in Bewegung? Wie schaffen Sie es , dass sich niemand ausgeschlossen fühlt? Wie erreichen Sie ein Wir-Gefühl, vor allem für diejenigen, die noch wenige Gäste auf dem Fest kennen? Wie gestalten Sie Beginn und Ende – machen Sie diese „Klammer" zu etwas Besonderem? Wie schaffen Sie es, dass zu bestimmten Programmpunkten alle wieder auf dem Platz sind und zuhören? Wir sind sicher, Sie hätten für ein Fest schon einige Idee dazu. Nutzen Sie diese für den virtuellen Raum! Spielerische Aufgaben beispielsweise funktionieren sehr gut. Spielerisch heißt nicht kindisch und banal! Spielerischer Ernst, ernstes Spiel steht für volle Konzentration und Aktivität und die wollen Sie ja von den Teilnehmenden. Friedrich Schiller formulierte es so:

„Der Mensch ist nur da ganz Mensch, wo er spielt".

Anlass Meeting, Teambesprechung:

Routinen sind hilfreich und geben Sicherheit. Im Autopilotmodus können wir Kräfte schonen – sind aber geistig nicht rege. Moderationen im Routinemodus sind deshalb auf die Dauer ermüdend. Die Konzentration sinkt, schnell wird gerade im virtuellen Raum ungesehen das Handy gezückt oder kurz eine Aufgabe zwischendrin erledigt. Fehler schleichen sich ein, undurchdachte Entscheidungen werden getroffen. Denken Sie wieder an ein Fest. Wie schaffen Sie es als Verantwortlicher, die Aufmerksamkeit während eines Programmpunkts aufrecht zu erhalten? Wie bringen Sie Gäste dazu, gemeinsam eine Aufgabe zu lösen, z. B. alle zu einem Eintrag ins Gästebuch zu motivieren? Werden Sie jetzt aktiv und schreiben Sie die ersten fünf Ideen auf, die Ihnen einfallen. Jetzt. Nicht weiterlesen, wirklich tun!

Ein Beispiel aus der Praxis: Der Anlass war eine Teambesprechung wegen einer Fertigungsmaschine, die immer wieder „zickte". Die gründliche Fehleranalyse wurde ständig wieder verschoben, denn die Dringlichkeit war nicht für alle nachvollziehbar. Auch scheuten manche die Ausgaben und den Zeitaufwand für die Fehlersuche. Deshalb wurde im Video-Meeting zu Beginn ein kurzes Youtube Video zum Einsturz der Tahoma Bridge geteilt. Dieses Video zeigt spektakulär, wie das unglaubliche Aufschaukeln der Brücke im Wind letztlich zu ihrem Einsturz führt.

Dann wurde die folgende Frage gestellt: *„Was hat der Einsturz der Tahoma Bridge mit unserem aktuellen Problem zu tun?"* Dieses eindrucksvolle historische Video hat nicht nur die teilnehmenden Ingenieure gefesselt. Mit diesen dramatischen Bildern vor Augen, kam die Diskussion schnell und erstmalig konstruktiv in Fahrt. Eine wichtige Entscheidung wurde getroffen. Fazit: Die knappen zwei Minuten Videoeinstieg haben sich mehr als ausgezahlt.

Wie Sie durch gekonnten Einsatz von Bildern und Videosequenzen mehr Aktivität und persönlichen Bezug bewirken können, erfahren Sie im Kapitel *Visualisierung* ab Seite 68.

Das Video findet sich auch bei Youtube unter dem Suchbegriff „Tahoma Bridge".

Hier der Anfang des Textes für die Hörbuchfassung:

„Stellen Sie sich ein Bild im Querformat vor. In die Mitte des Blattes skizzieren Sie ein gleichseitiges, gleichwinkliges Dreieck, welches ca. ein Drittel der Breite einnimmt.

Nun beschriften Sie das Dreieck: Oben an der Spitze das Wort „Fakten"; „FAKT" groß geschrieben, das „en" klein. Die untere linke Ecke beschriften Sie mit dem Wort „Emotion"; das „e" klein geschrieben, das „MOTION" für Bewegung in Großbuchstaben. Und zuletzt die rechte Ecke unten mit „Vertrauen"; „ver" in Klein -und „TRAUEN" in Großbuchstaben. In die Mitte des Dreiecks schreiben Sie ein (B).

Nun skizzieren Sie zwei Männchen oder wenn Sie wollen Frauchen.

Zunächst das Männchen links vom Dreieck: Zuerst skizzieren Sie ein C als Körper, das C mit der Öffnung zum Dreieck ..."

Das ist ein Beispiel dafür, wie aufwändig es ist, die nebenstehende Skizze sprachlich zu beschreiben. Das ist ein schlagkräftiges Argument für den Einsatz von Visualisierungen: Denn eine Beschreibung zu verstehen dauert oft lang – das Verständnis für eine gute Visualisierung dagegen kurz!

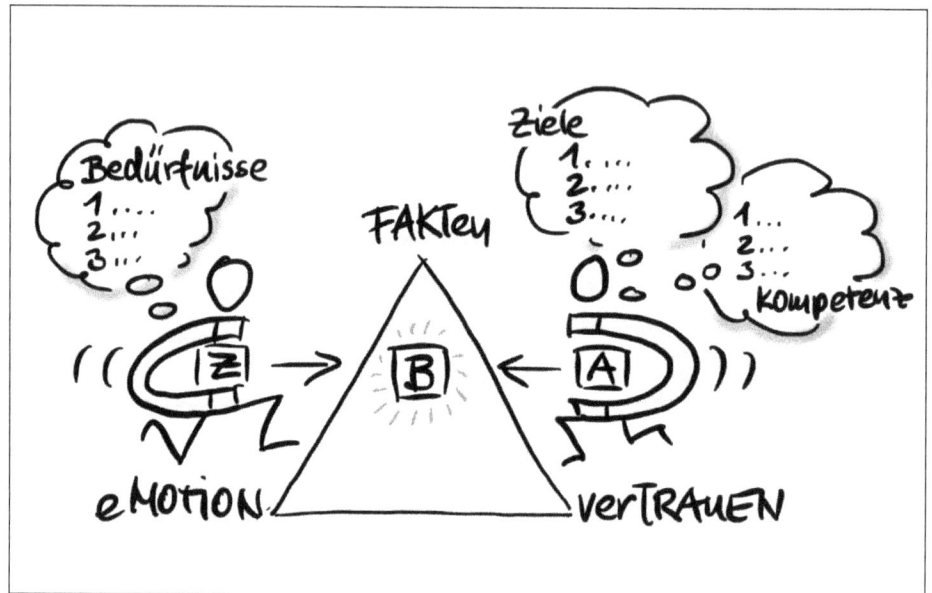

Bessere Beziehung durch gegenseitige Anziehung: Zwei Magnete, richtig gepolt, ziehen sich gegenseitig stärker an, als nur ein Magnet ein Eisenstück anziehen könnte.

Diese visualisierte Metapher steht für gute Beziehungen im virtuellen Begegnungsraum (B). Die Zielgruppe (Männchen (Z), links) und der Anbieter bzw. Veranstalter (Frauchen (A), rechts) sind in gegenseitiger Verbindung, die Chemie stimmt. Beide tragen zur gegenseitigen Anziehung bei, weil Bedürfnisse und Ziele zueinander passen. Beide sind in Bewegung, in Bewegung aufeinander zu! Je näher sie sich kommen, umso intensiver wird die Verbindung – automatisch. Stimmt die Chemie zwischen den beiden nicht, passen Bedürfnisse, Ziele und Kompetenzen nicht zusammen, sind die Magnete auf

Abstoßung gepolt – eine Beziehung im Beziehungsraum (B) findet nicht statt. Mit dieser Visualisierung vor Augen, legen Sie beim Entwickeln Ihrer Konzeption von Anfang an Ihren Fokus auf Beziehungsqualität. Ausgehend von dieser Basis bringen Sie Ihre Ziele und Kompetenzen mit den Bedürfnisse der Teilnehmenden zusammen. Daraus entwickeln sich schlüssig die inhaltlichen Schwerpunkte und der Zeitplan.

Zu den Begriffen **eMOTION, FAKTen, verTRAUEN** an den Ecken des Dreiecks: Sie stehen dafür, dass Ihre Botschaften, Ihre Themen besonders effektiv „rüberkommen", wenn Herz (eMOTION), Hirn (FAKTen) und Bauch (verTRAUEN) der Teilnehmenden angesprochen werden. Konkret heißt das für Sie:

eMOTION: Verpacken Sie „schwere Kost" in Geschichten - Stichwort Storytelling. Visualisieren Sie Komplexes und schwer Verständliches, um es besser begreifbar zu machen. Spielen Sie mit Sympathie und Humor. Werden Sie menschlich nahbar – kommen Sie runter vom hohen Ross. Emotion öffnet die Tür für Zahlen, Daten, Fakten.

FAKTen: Recherchieren Sie Zahlen, Daten, Fakten und belegen Sie diese durch seriöse Quellen. Überzeugen Sie durch sachliche Argumente. Und denken Sie immer daran: Fakten emotional zu verpacken ist nicht unseriös, sondern besonders wirkungsvoll. Fakten sind genauso wie Emotionen unverzichtbarer „Nährstoff" für das „Hirn" der Teilnehmenden.

VerTRAUEN: „Vertrau mir" gelingt genauso wenig wie „Verlieb Dich in mich". Vertrauen muss entstehen, Vertrauen ist Vorschuss und kann schnell enttäuscht werden. Deshalb: Nicht großspurig auftreten, überrumpeln und aufschneiden. Vertrauen ist der dritte essenzielle Nährstoff für gute Kommunikation.

Um das Konzipieren nach dieser Methode zu veranschaulichen, geben wir Ihnen jetzt Einblick in die Planung eines unserer Workshops. (A) steht hier für die Moderatoren Sigi Bütefisch und Ulrike Möller, (Z) für die Teilnehmenden. Das kursiv Geschriebene sind unsere Antworten auf die Fragen.

Die Bezeichnungen der Ecken des Dreieckes sind angelehnt an die klassische Rhetorik von Aristoteles. Er entwickelte das Drei-Säulen-Modell Logos (Fakten), Pathos (Emotion) und Ethos (Vertrauen).

Fit für eKommunikation

Nun stellen Sie sich folgende Fragen:

Workshop-Rahmen

- Aus welchem Anlass treffen sich die Akteure, die Zielgruppe (Z) und die Veranstaltenden (A) im Begegnungsraum (B)?

Es geht um einen Workshop für Dozenten zum Thema „Effektives eLearning".

- Um was für eine Veranstaltung geht es? Geben Sie dieser Veranstaltung gleich zu Beginn einen aussagekräftigen Titel – und einen Untertitel. Wird dieser Titel verstanden? Noch effektiver: Finden Sie ein Bildmotiv für diese Veranstaltung.

Titel: Was eLearning-Moderatoren und -Dozenten wissen und können sollten. Untertitel: Schnellere Vorbereitung, mehr Lernerfolg, mehr Wohlfühlfaktor mit dem KAViA-Prinzip ...

- Wie lange dauert die Veranstaltung? Wann findet sie statt? Wer ist dabei?

2 Stunden, Freitag 17 bis 19 Uhr, max. 15 Teilnehmende, 2 Moderatoren.

Die Bedürfnisse und Kompetenzen von (Z)

Bedürfnisse sind die Motivatoren und Antreiber schlechthin! Bedürfnisse sind mit Wünschen verwandt. Aber Bedürfnisse schließen tiefere, unbewusstere Beweggründe mit ein. Bedürfnisse drehen sich immer um die elementar menschlichen Fragen: Was möchte ich Gutes erleben? Wie kann ich Schlechtes vermeiden? Wie mache ich mir mein Leben einfach und schön? Übrigens können beide Bedürfnispole - hin zum Positiven, weg vom Negativen – gleich starke Motivatoren sein; auch wenn „Positiv-Denken-Propheten" dies anders sehen.

Mit folgenden Fragen kommen Sie den Bedürfnissen von (Z) auf die Spur. Schlüpfen Sie bitte für die Antworten in die Rolle von (Z) – Sie sind jetzt (Z)! Denn so können Sie sich empathischer in (Z) einfühlen. „In den Schuhen des anderen" spüren Sie die Bedürfnisse oft besser, als aus der analytischen Distanz. Deshalb sind die Fragen jetzt in der Ich-Form formuliert. Hilfreich ist es, sich eine konkrete Person vorzustellen.

- Was verspreche bzw. wünsche ich mir von der Veranstaltung?

Ich möchte schneller meine Lehrveranstaltungen vorbereiten. Ich möchte noch fitter mit der Technik werden. Ich erwarte Best-Pratice-Beispiele ...

- Welchen Nutzen bringt mir das? Was wird dadurch für mich besser?

Ich spare Zeit. Ich komme besser an. Ich profitiere vom Erfahrungsaustausch mit anderen Dozenten in einer ähnlichen Lage. Meine Teilnehmer werden aktiver mitarbeiten ...

- Was berührt mich emotional, was begeistert mich?

Ein gutes Miteinander. Ein konkreter Bezug zu meinem Arbeitsfeld. Ein persönliches, ehrliches Feedback. Neue Ideen und Dazulernen ...

Am besten wäre es natürlich, wenn Sie (Z) direkt fragen könnten. Das ist grundsätzlich noch aufschlussreicher.

Noch ein Impuls: Keine Zielgruppe ist wirklich homogen! Jede Zielgruppe besteht aus unterschiedlichen Persönlichkeiten, trotz ähnlicher Bedürfnisse. Sie müssen die Essenz des Gemeinsamen herausarbeiten. Um mehr über die Persönlichkeit von (Z) zu erfahren, helfen weitere Fragen. Sie beantworten die folgenden Fragen immer noch aus der Sicht von (Z):

- Was sind meine Kompetenzen?

Fit in Präsenzworkshops – besonders am Flipchart und mit Powerpoint ...

- Welche Haltungen und Werte prägen mich? Welche persönlichen Vorlieben habe ich?

Respekt und Aufmerksamkeit im Umgang. Miteinander auf Augenhöhe ...

Oft sind diese Fragen nicht einfach zu beantworten, ohne (Z) erlebt zu haben. Auch das ist ein Grund, virtuelle Treffen so zu gestalten, dass wir uns gegenseitig als Persönlichkeiten erleben können. So lernen wir uns und unsere Bedürfnisse schneller kennen.

Spontane Aussagen sind bezüglich der wirklichen inneren Bedürfnisse viel aussagekräftiger, als wenn sich Menschen um eine ausgefeilte, geschönte Sprache bemühen. Nicht umsonst heißt es „Freud'scher Versprecher". Ein „Freud'scher Versprecher" weist auf unbewusste Bedürfnisse hin. Lassen wir Sigmund Freud zu Wort kommen:

„Ein Mann erzählt von irgendwelchen Vorgängen, die er beanstandet, und setzt fort: Dann aber sind Tatsachen zum „Vorschwein" gekommen.

Auf Anfrage bestätigt er, dass er diese Vorgänge als „Schweinereien" bezeichnen wollte. Vorschein und Schweinerei haben zusammen das aussagekräftige „Vorschwein" entstehen lassen."

Die Ziele von A, von Ihnen und Ihren Mitstreitern

Auch Ziele sind Motivatoren und haben mit Bedürfnissen zu tun. Eine Zielformulierung ist aber konkreter, verbindlicher. Mit folgenden Fragen konkretisieren Sie Ihre Ziele:

- Was möchte ich mit der Veranstaltung erreichen?

Wir sind uns sicher und erleben, dass eKommunikation einen größeren Stellenwert bekommen wird. Und wir möchten den Teilnehmenden vermitteln, dass virtuelle Treffen anders wirken können als nur anstrengend und ermüdend ...

- Welchen Nutzen bringt mir die Erreichung meiner Ziele?

Wir können mit diesem Workshop beide unser Lehrportfolio gut ergänzen und unsere Erfahrung und Kompetenz einbringen. Außerdem lässt sich mit diesem Thema auch Geld verdienen und wir werden weiterempfohlen für längere Trainingsveranstaltungen ...

- Auf welche Art profitieren die Teilnehmer von meinen Zielen?

Die Teilnehmenden haben sofort einen ersichtlichen Nutzen, weil sie ihre Kompetenzen erweitern und das Gelernte in ihren Berufsalltag integrieren können ...

- Und wichtig: Zu was möchte ich Z motivieren?

Dass die Teilnehmenden im Workshop aktiv mitarbeiten, ihre eigenen Ideen einbringen und Lust dazu bekommen, das Gelernte gleich umzusetzen und auszuprobieren ...

Es lohnt sch für A, für Sie, die eigenen Kompetenzen und Möglichkeiten genau zu betrachten:

- Was sind meine Kompetenzen und Ressourcen? Was fehlt mir noch?

Das Thema ist noch nicht hochkompetent von anderen Wettbewerbern besetzt. Wir beide bringen lange Erfahrung als Kommunikationsdozenten ein. Sigi Bütefisch als Spezialist für Werbung, Mediengestaltung, Konzeption und Visualisierung, Ulrike Möller als Spezialistin für mündliche Kommunikation, Sprechen, Stimme, Auftreten und Bühnenpräsenz. Im

Auch deswegen haben wir für (A) die Frage nach den Zielen gestellt. Wir können unsere Bedürfnisse auf unterschiedlichen Wegen und durch unterschiedliche Ziele befriedigen. Ziele verändern ist deshalb leichter, als Bedürfnisse zu verändern!

Bereich professionelle Mehrkameratechnik und Tools werden wir noch Rat von Experten einholen und praktische Erfahrungen sammeln, für ...

Ziehen Sie nun das Fazit

Schauen Sie sich die Antworten genau an. Stellen Sie sich die Frage:

- Passen Beziehungen, Ziele und Kompetenzen zusammen?

In unserem Fall werden wir Best-Practice-Beispielen mehr Raum geben. Wir werden mehr Übungssequenzen einbauen und dafür die psychologischen Grundlagen für Beziehungsqualität nur nebenbei erwähnen ...

Machen Sie sich immer klar: Eine Zielgruppe kann ich schwer ändern, meine Ziele und Kompetenzen aber schon. Sie sollen sich aber nicht verbiegen – oft reicht es, Ihre Ziele anders zu gewichten. Sie sollten zu diesem Zeitpunkt nochmals über Titel und Untertitel nachdenken. Oft können diese schärfer und treffender formuliert werden, denn der Titel sollte die Zielgruppe und deren Bedürfnisse ansprechen. Aber nicht im Sinne von *„Der Köder muss dem Fisch schmecken, nicht dem Angler".* Sie wollen hoffentlich Ihre Zielgruppe nicht ködern, töten, ausweiden und nur einmal etwas davon haben. Sie wollen mit Ihrer Zielgruppe langfristig zusammenarbeiten. Das gelingt im Geist der gegenseitigen Anziehung Ihrer Ziele und der Bedürfnisse Ihrer Zielgruppe! So entsteht mühelos eine nachhaltig gute Beziehung und ein fruchtbarer Austausch im Begegnungsraum.

Wie kommen im Begegnungsraum meine Botschaften inhaltlich besser an?

Bitte blättern Sie dazu nochmals auf Seite 32 zurück: Wir möchten Ihnen jetzt den Wert der Begriffe eMOTION, FAKTen und VerTRAUEN für Ihre Konzeption nochmals beispielhaft verdeutlichen. Denn nur informieren zu wollen, reicht für die wenigsten Anlässe in der eKommunikation aus. Sicherlich möchten Sie Ihre Teilnehmenden motivieren, ja vielleicht sogar begeistern, sich auf „Ihr Thema" einzulassen, um:

- etwas dazuzulernen, den Horizont zu erweitern und Fähigkeiten zu entwickeln,

- etwas Bestimmtes zu tun oder eine Entscheidung zu treffen,

- miteinander in Austausch zu gehen, vielleicht um gemeinsam Neues zu entwickeln.

Die reine Wirkung von Information wird überschätzt. Dazu der Gedanke des Verhaltensforschers und Biologen Konrad Lorenz:

Gedacht heißt nicht immer gesagt, gesagt heißt nicht immer richtig gehört, gehört heißt nicht immer richtig verstanden, verstanden heißt nicht immer einverstanden, einverstanden heißt nicht immer angewendet, angewendet heißt noch lange nicht beibehalten.

Ein Lernziel unseres Workshops ist es, Körper, Atmung, Stimme und Sprechen gezielt und gekonnt einzusetzen. Der eMOTIONS-Aspekt: Wir sehen uns verschiedene Sprecher auf Video an und imitieren diese. Durch die unterschiedlichen Haltungen und Sprechweisen erleben wir an uns selbst, welche Wirkung dies auf unser (Körper-)Empfinden hat. Der FAKTen-Aspekt: Wir analysieren die Wirkung, die die unterschiedlichen Beispiele nach außen erzeugen und erlernen die Regeln, also die FAKTen für einen wirkungsvollen Einsatz von Körper, Atmung, und Stimme . Der verTRAUENs-Aspekt: Die Übungssequenzen zeigen deutliche Unterschiede und die Teilnehmenden erleben dadurch sofort mehr Wirkung an sich und den anderen …

Übrigens können Sie eMOTION, FAKTen und verTRAUEN auch für das „Verkaufen" Ihrer Veranstaltung nutzen, wie wir!

Überzeugungsaspekt eMOTION: Wir zeigen eine 30 -Sekunden-Sequenz aus einem schlechten, aber leider oft üblichen Webinar: schlechter Ton, schlechtes Video, schlechte Visualisierung, ein langweiliger, unmotivierter Sprecher. Der Betrachter stellt automatisch einen emotionalen Bezug her, denn dass so eine Veranstaltung nervt, ist direkt spürbar. Überzeugungsaspekt FAKTen: Wir zeigen Referenzen und Evaluationen unserer Veranstaltungen. „Faktisch" wird offensichtlich: Wir erreichen mit unseren Workshops deutlich mehr als üblich. Dazu nennen wir einige Ansprechpartner von unseren Kunden. Diese Offenheit schafft verTRAUEN und die Interessenten wissen, auf was sie sich einlassen …

Nun sind Sie wieder am Zug:

- Wie „würze" ich meine Kernbotschaften mit den Anteilen eMOTION, FAKTen, verTRAUEN? Wie baue ich schlüssige Argumentationsketten auf? Wie nutze ich diese Anteile für spannende und gehirngerechte Didaktik?

- Wie profitiere ich von diesen drei Begriffen für das eigene Marketing?

Wie gestalte ich den Begegnungsraum?

Den Titel für die Veranstaltung haben Sie schon festgelegt, ebenso den Zeitrahmen. Jetzt geht es darum, diesen Begegnungsraum konkret auszugestalten. Die Grenzen dieses Raumes sind fließend: Der Raum entsteht schon beim ersten Kontakt und endet bei gegenseitiger Anziehung oft nicht einmal mit der Nachbereitung. Denn eine gute Beziehung zu Teilnehmenden wirkt über eine Veranstaltung hinaus.

Nach der Veranstaltung ist vor der (nächsten) Veranstaltung!

Dazu zwei Gedanken. Erstens: Sie können den Begegnungsraum nicht alleine gestalten. Kein Gastgeber hat alles unter Kontrolle – die Gäste gestalten bewusst und unbewusst das Fest mit. Ein Konzept beschreibt dementsprechend nur Rahmenbedingungen und Spielregeln. Zweitens: Ein Raum hat Grenzen und Grenzen haben immer verschiedene Aspekte: Sie können z. B. Schutz bieten, andere ausgrenzen, Sicherheit geben, einen Standpunkt definieren, zur Profilierung und Positionierung dienen. Lebendige Kommunikation entsteht, wenn Grenzen nicht starr sind und „atmen" können. Situationsgerecht! Gehen Sie jetzt noch mehr ins Detail mit folgenden Fragen:

■ Wie kann (Z) aufmerksam auf die Veranstaltung werden?

Wir nutzen unsere Kontakte zu Hochschulen und Unternehmen. In unserem Newsletter und in unseren Online-Medien schreiben über dieses Thema, weil es uns und wegen Corona gerade alle beschäftigt. Die Einladung wird kurz und übersichtlich auf unserer Website eingestellt und der Link über E-Mail geteilt. Das Buch und erfolgreich verlaufende Veranstaltungen und gute Evaluationen wecken ebenfalls weiteres Interesse ...

■ Wie gestalte ich die Einladung bzw. Ausschreibung?

Kurz und knapp gehaltener Text mit Logo sowie ein Videotrailer mit Anmeldungslink ...

■ Welche Informationen brauche ich im Vorfeld der Veranstaltung?

Wie fit sind die Teilnehmer mit Zoom? Das klären wir mit einem kurzen Quiz mit der Anmeldebestätigung ...

Begegnungsraum klingt vielleicht etwas sperrig. Aber das (B)ist ein guter Buchstabe für weitere Aspekte der Kommunikation: Im Begegnungsraum werden (B)edürfnisse erfüllt, findet (B)ewegung statt, werden (B)eziehungen gefestigt.

- Wie gestalte ich Anfang und Ende der Veranstaltung? Ein guter Anfang und ein gutes Ende sind besonders wichtig!

Motto: Virtuell ist mehr möglich als gedacht. Die Ergebnisse der Live-Umfrage zum Schluss machen es deutlich, dass dieses Motto nicht nur eine Behauptung ist, sondern, dass es die Teilnehmenden so erlebt haben …

- Wie ist der grobe Zeitplan der Veranstaltung?

Der Ablauf ist detailliert schriftlich festgehalten. Siehe Drehbuch im Anhang.

- Wie gelingen Transfer und Nachhaltigkeit?

Jeder Teilnehmende entwickelt seinen persönlichen Übungsplan für den Transfer in die Praxis …

- Was für Methoden und Medien setze ich ein?

Zoom, Umfrage-Tool Mentimeter, digitale Whiteboards von Miro, Gruppenarbeit in Breakout-Räumen, Live-Fotoprotokoll auf eigens eingerichteter Website …

- Wie gestalte ich intensive Interaktion konkret? Hier hilft Ihnen die Vorarbeit des ersten Erfolgsfaktors und der Gedanke an Ihr „Fest".

Da halten wir uns in diesem Buch bedeckt – wer will, darf es im Workshop selbst erleben …

- Welches Equipment setze ich ein?

Zwei Kameras, ein klassisches Flipchart, zwei professionelle Mikrofone, ein Greenscreen, eine gute Ausleuchtung mit Ringleuchten und Softboxen …

Durch die Antworten auf alle diese Fragen haben Sie eine Konzeption inhaltlich im Grunde schon erarbeitet.

Nun geht es im nächsten und letzten Schritt nur noch darum, diese als Durchführungshilfe, bzw. Verkaufs- und Abstimmungshilfe schriftlich in ansprechender Form festzuhalten.

Wie layoute ich eine Konzeption?

Für die Darstellung gibt es unterschiedliche Möglichkeiten. Als Anregung finden Sie nun Best-Practice-Beispiele, die alle inhaltlich mit dem KAViA-Prinzip und den Fragen vorbereitet wurden. Wenn die Konzeption nur für Sie selbst ist, können Sie den Aufwand für eine ansprechende Darstellung in Grenzen halten. Sehen Sie Ihre Konzeption dann eher als einen guten Spickzettel. Der Spickzettel zwingt Sie, das Wichtigste festzuhalten – damit haben Sie sich schon gut vorbereitet und brauchen Ihn eigentlich gar nicht mehr. Wenn Sie dagegen mit Ihrer Konzeption Ihre Veranstaltung „verkaufen" möchten oder weitere Moderatoren mit im Boot sind, profitieren Sie von etwas mehr Aufwand bei der Gestaltung Ihrer Konzeption. Sie können z. B. wie folgt vorgehen.

Vom Exposé zum detaillierten Drehbuch

Beschreiben Sie zunächst in einem Exposé den Inhalt der Veranstaltung so, dass er spannend und eindrücklich „rüberkommt". Ein Leser muss in wenigen Minuten verstehen, um was es geht und ob diese Veranstaltung für ihn lohnend ist.

Das Exposé ist eine gute Grundlage für ein detailliertes Drehbuch. Dieses dient Ihnen als Durchführungshilfe und Trainerleitfaden bzw. als ausführliche Agenda. Wir empfehlen Ihnen im fünf bis zehn Minuten Takt genau die Veranstaltung vorzuplanen.

Sie können die verschiedenen Aspekte des Ablaufes in tabellarischer Form notieren: Das sind z. B. die verwendeten Tools, die Rollen, Ihre Fragen und Anleitungen, die Visualisierungen, die Aufgaben für die Teilnehmenden. Diese Form der Darstellung ist angelehnt an die ursprünglich europäische Form eines Drehbuchs. Oder Sie wählen die Darstellungsform eines amerikanischen Drehbuchs, das sogenannte Master Scene Format. Hier wird die Handlung chronologisch durch einfache, normierte Textformatierungen dargestellt. In Wikipedia, Suchbegriff *Drehbuch*, werden diese Formatierungsregeln ausführlich beschrieben! Üblicherweise beschreibt eine Drehbuchseite eine Minute Handlung. Passen Sie das für Ihr Konzept entsprechend an und gliedern Sie nach inhaltlichen Abschnitten.

Nochmals: Bitte nicht nur lesen, sondern praktisch tun

Starten Sie die Lektüre nochmals auf Seite 34. Gehen Sie den Schritt vom Wissen zum Können – beantworten Sie diese Fragen mit dem Mindset und den Ideen eines Gastgebers. Noch besser: Sie lesen, bevor Sie mit der Ausarbeitung Ihrer Konzeption beginnen, das Kapitel *intensive Interaktion* ab Seite 86. Hier erfahren Sie Vieles über die Phasen einer Veranstaltung, um das Miteinander im virtuellen Raum wirkungsvoller zu machen.

(AGENDA – SLOW COMMUNICATION)

* intensive Wahrnehmung
affektives Lernen
weniger Stress
mehr Klarheit

16:00 Ende *

15:30 Abschlusspräsentation
zusammenfassung

14:20 Praxisthemen

13:00 Präsentation Erkenntnisse

Mittagspause 12–13 Uhr

Selbstführung – kognitive Verzerrungen

11:00

10:20 1. Prinzipien
Infos → Wissen → Outcome

Um 2 Fragen – Wie ticke ich?

10:00 Kennenlernen

9:30 „scharfer Start" – Was möchte ich gewinnen?

9:15 Warteraum offen

Diese Agenda wurde live am Anfang einer Online-Veranstaltung mit der iPad-App „Notability" handschriftlich erstellt. Die Fragen der Teilnehmenden wurden gleich mit aufgenommen – also intensive Interaktion statt Vorgekautem von Beginn an!

hütefisch⁺
Kommunikation

Exposé zur Veranstaltung Chorcoaching

Männer – wann stimmwerk(t) Ihr?

Ziel und Nutzen:

Vieles hat sich seit der Gründung des Stimmwerks hervorragend entwickelt. Darauf können Sie stolz sein, weil Sie vieles richtig gemacht haben. Auch Ihre Positionierung als Themenchor. Wie weit dieses Profil medial sofort verstanden wird, ...

Themenbereiche des Workshops wären:

• Haltung, Werte und Leitbild: Wie definieren und leben wir gemischten Chor.
• Portfolio und Leistungen: Entwicklung entsprechender Angebote – musikalisch und gemeinschaftlich.
• Kommunikation und Marketing: Fokus auf Umgang und Ansprache – persönlich und medial.

Alle Bereiche hängen zusammen und sind individuell für jeden Chor etwas anders zu lösen. Zeitgemäßes Chormarketing ist mehr als ein aufhübschendes Goldschleifchen oder aufdringliches Sängerködern. ...

Ablauf virtuelles Coaching für bis zu 30 Personen:

Wichtig ist mir in Online-Workshops intensive Interaktion von Anfang an. Denn wer nicht von Anfang an mitmacht, bleibt still. ...

Einstimmung, 17 bis 20 Uhr

• Begrüßung
• Klären der Spielregeln und Agenda
• ...

Workshoptag, 10 bis 16 Uhr mit genügend Pausen

• Wie lief es mit der Hausaufgabe?
• Justierung der Erkenntnisse
• Überraschungsgäste
• ...

Reflektion und Coaching nach ca. zwei Wochen, 10 bis 12 Uhr

• Was hat in der Praxis funktioniert, was weniger?
• Impulse und Coaching, damit die Beteiligten noch mehr „ernten" können
• Justierung und Fortschreibung der To-Do's
• ...

Dieses Exposé wurde gekürzt für die Darstellung hier im Buch (...). Es dient als Beispiel für klare Gliederung durch Zwischenüberschriften.

„Effektiv Lernen in der Online-Lehre"

Ort: virtuell
Termin(e): Tagesveranstaltung, 2.5.2020
Kosten: Lehrveranstaltung für Teilnehmende frei
Teilnehmerzahl: max. 20
Regeln/Vereinbarungen/Datenschutzerklärungen: im Vorfeld per Mail
Moderatoren: Sigi Bütefisch
Verwendete Tools/Medien/Dateien: Zoom, Menti, Flipchart, Miro
Wichtige Links, Kontaktdaten, Telefon: www.buetefisch.de, 0160 2014490

*Ein Beispiel für unser
Standard-Drehbuch mit
7 Spalten für detaillierte
Ablaufplanung von
längeren Veranstaltungen*

Drehbuch / Agenda

Stichworte: Verdauen können: Selbstführung, Struktur geben, kognitive Verzerrungen erkennen, Fokus und Assoziatives verbinden, schnelles und langsames Denken nutzen, Tools: Wahrnehmung und Bewegung von Körper, Geist, Mitmenschen / Visualisierung / Sinnlichkeit / Räume

Zeit	Ziel / Nutzen / Bed.	Inhalt / Methode	Aktivität Moderator(en)	Aktivität Teilnehmer	Medien / Tools	Sonstiges
9:15	Warteraum		Abholen	Test Mikro, Video. Aufnahmesituation optimieren	Zoom	Hinweis auf Notfall-nummer
9:30	Regeln, Interaktions-Impuls, Optimierung Kamerasituation	Interaktion Anbindung: Ein Wort, Gegenstand mit dem Thema zu tun auf einen Zettel schreiben, laut vorlesen. Max 2 Sätze.	Moder. Vorstellung auf Whiteboard. wenn die Fee einen Wunsch erfüllt. Was wollt Ihr mitnehmen? Nur ein Wort und ein Gegenstand, der euch vielleicht helfen könnte damit dieser Wunsch Wirklichkeit wird.	Assoziation suchen, Regel verinnerlichen: Gemeinsame Reflektion sinnvoll lernen heißt Sinnes-wahrnehmung optimieren! Heißt Kom-munikation. Vorstellung	Zoom TN: Kamera aktiv Mikro bei Vorstellung	
9:50	Rahmen des Work-shops verstehen	Impulsvortrag, Notiztechniken Experiment 1TN	Impuls zu verschiedenen Geisteszu-ständen, Visualisierung erklären. Schnelles Denken vs. langsames Denken. Bewusste Selbststeuerung.	Zuhören, mitnotieren	Zoom, Bildschirmteilen TN: Kamera, Mikro aus	Hinweis auf Mit-schnitte – möglich bei schriftl. Akzeptanz aller. Online Formular nutzen.

Muster für eine einfache Notizplanung

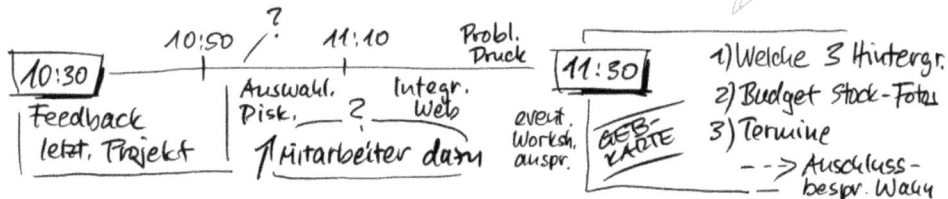

10:30
Feedback
letzt. Projekt

10:50 ? 11:10 Probl. Druck
Auswahl. Disk. ? Integr. Web
↑ Mitarbeiter dazu

evtl. Worksh. ausspr. GEB.-KAOTE 11:50

1) Welche 3 Hintergr.
2) Budget Stock-Fotos
3) Termine
--> Anschluss-
besspr. W44

Ablauf Webinar ZOOM
...fit für eKomm.

ca. 15 TN   2 Moderatoren
> 50 Min   3 Kam.

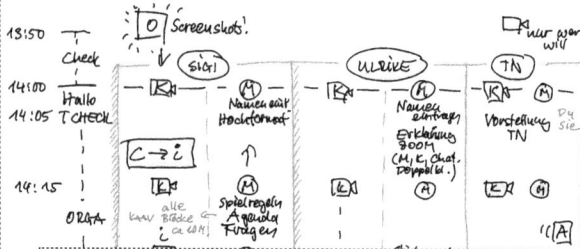

Digitales Whiteboard-Brainstorming
für einen unserer ersten
„Corona-Homeoffice-Webinare"
Das war die Basis für...

die nachfolgende Konzeption
in Tabellenform in Word.

Ein ausgedruckter Ablauf
hilft uns bei der Durchführung
„auf der Spur zu bleiben."

Es ist zugleich unser Notizzettel
während der Veranstaltung – deshalb
am besten so ausdrucken, das
Freiraum für Notizen ist!

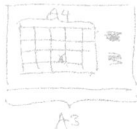

Ablauf: Webinar am 02. April 2020
Fit für eKommunikation

		Ulrike		Sigi		TN
Ab 16:30	Technikcheck	Beide	an	Einen nach dem anderen in den Raum holen. Wie sollen wir euch ansprechen? Du oder Sie? Kamera und Ton aus	an	an
17:00	Begrüßung	Beide Eigene Vorstellung: Euch besser präsentieren könnt Scheu verlieren	an		Alles aus	Alles aus
17:05	Erklärung Zoom+kurze Vorstellungs-runde	Ich (Sigi, krätscht rein) Bilder anordnen, wo ist der Chat, wie kann ich die Bilder ändern und groß bekommen, Handout neben euch legen oder Notizzettel, Erinnerung Mikrofon und Kamera	an		an	Alles aus
		Ich bestimme, wer an der Reihe ist.	Video aus	Sigi: Namen und kurze Vorstellung in der Runde 3 Sätze: Name, Beruf, Hauptanliegen	Video aus	

11:00 BIS 11:15 UHR

ÜBUNGSSEQUENZ VERSTÄNDLICHKEIT
MEHR PRÄGNANZ UND WIRKUNG DURCH AKZENTUIERUNG UND PAUSEN

(Hinweis auf Notizen der Teilnehmenden während der
Hörbeispiele)

Monotonie beim Bildschirmvortrag ist ein Problem.

> ULRIKE
> Drei verschiedene Varianten werden
> vorgesprochen — lebendig, sachlich,
> monoton. Was ist der Unterschied?
> Wie fühlt Ihr Euch davon angespro-
> chen? Was löst es bei Euch aus?

> TEILNEHMENDE (M+V an)
> Reflexion und Diskussion über die
> wahrgenommenen Unterschiede.

> SIGI
> Visualisiert die genannten Punkte.
> Einwurf: Pause ist vergleichbar mit
> dem Leerraum beim Layouten. Pause
> und Leerraum sind nicht nichts — es
> sind unverzichtbare Gestaltungs-
> mittel.

Übungsphase an Beispielsätzen, die heute schon im Workshop
gefallen sind. Konzentration auf's Zuhören!

> TEILNEHMENDE (V
> Drei Teilnehmende spreche
> spielsätze. Feedback und
> zur Optimierung.

Konzept in Form eines, für Online-Workshops optimierten, amerikanischen Drehbuchs. Pro Seite wird zwischen 5 und 10 Minuten Ablauf festgehalten.

Ein Vorteil dieser Form: Das Konzept kann „fast" wie eine Geschichte gelesen und erfasst werden. Gut um an Interessenten ein Konzept zu „verkaufen".

Die selbe Lehrveranstaltung notiert als Konzept in Form eines europäischen Spalten-Drehbuchs.

2. Atmung-Physiologie, Übungen

Zeit	Agenda	Technik/Raum	Theorie/Übungen	Tool
10:15	Begrüßung			
			Bild zur Atmung zeigen	Bildschirm teilen
10:17	Assoziationen sammeln Austausch		Was hat das mit unserem Thema zu tun? Was wisst ihr schon zum Thema Atmung? In welchen Situationen wird das Atmen problematisch?	
10:20	Wahrnehmungsübung: Atmung		Buch auf den Bauch legen Körperreise Atmung: Ruheatmung Luftschlangen pusten: Sprechatmung	TN liegen am Boden - Matte - Buch
10:45	Reflexion/Fragerunde		Plenum Entspannung bei Stress und Lampenfieber: Ausatmen Aktivierung: Zwerchfell aktivieren	
10:50	Atmung Theorie	Zimmer verdunkeln	Filmausschnitt von B. Richter	Bildschirm teilen
11:00	Fragerunde/Reflexion		Austausch Plenum	
11:05		AB auf Stud.IP hochladen	AB besprechen: sich selber dazu Notizen machen	AB runterladen

Zusammenfassung Konzept

■ Virtuell noch wichtiger: Ein klares Konzept!

Den prinzipiellen Nachteil zum Vorteil ummünzen

In Online-Begegnungen nehmen Sie weniger über die Teilnehmenden und die Situation rundum wahr. Das ist Fakt – nicht nur für Sie, sondern alle Beteiligten. Doch ebenso, wie Spitzen-Rennrodler mehr oder weniger blind ihren Weg durch den Eiskanal finden, bleiben Sie mit einem klaren Konzept für Ihre Veranstaltung sicher auf Kurs. Je besser Sie vorbereitet sind und Ihre Agenda strukturiert haben, umso souveräner werden Sie in Ihrer Veranstaltung handeln aber auch improvisieren können. Denn Sie wissen, welche „Streckenabschnitte" fordern und welche eine Verschnaufpause bieten. Machen Sie durch Ihr Konzept den Bildschirm zu einer spannenden Bühne. Fesseln Sie Ihre Teilnehmenden durch einen schlüssigen roten Faden!

Level 1

❏ Gezielte Auswahl der geeigneten Plattform

❏ Zeitrahmen bestimmen

❏ Maximale Gruppengröße festlegen

❏ Anlass und Ziele für mich definieren

❏ Anlass und Ziele für die Teilnehmenden definieren

❏ „Spielregeln" im Vorfeld schriftlich mitteilen

❏ Notieren, wann Mikro und Kamera an und aus geschaltet werden

❏ Klare Rollenverteilung

❏ Arbeitsdokumente schnell verfügbar haben

Level 2

- ❏ Klare schriftliche Agenda
- ❏ Gewichtung der Inhalte
- ❏ Vorstellung und Begrüßung planen
- ❏ geeignete Methoden und Medien auswählen
- ❏ eMOTION, FAKTen, verTRAUEN in Balance bringen
- ❏ Visualisierung der Inhalte
- ❏ Bewusst gestaltetes Ende und Verabschiedung
- ❏ Backups und Plan B

Level 3

- ❏ Im Anschluss Skripte und Dokumente zur Verfügung stellen
- ❏ Pausen und inhaltliche Höhepunkte gegen Monotonie einbauen
- ❏ Verstärkte Integration von verschiedenen Tools
- ❏ Verschiedene Arbeitssettings planen
- ❏ Aussagekräftigen Titel und Schlüsselbild für die Veranstaltung wählen
- ❏ Zusätzliche Manpower zur Unterstützung
- ❏ Evaluationen vorbereiten

Aufnahmesituation

■ Raum, Equipment – die Voraussetzungen entscheiden

Ohr schlägt Auge!

In diesem Kapitel werden wir nochmals etwas technisch. Sie erhalten einen guten Überblick über sinnvolle Kaufentscheidungen für mehr Professionalität.

Egal wie gut das Konzept, der Inhalt oder der Moderator ist, egal wie motiviert die Teilnehmenden sind: Ohne gutes Bild und verständlichen Ton wird jedes virtuelle Treffen anstrengend. Auge und Ohr sind dabei die wichtigsten Sinnesorgane. Über 60 Prozent unserer Sinneseindrücke sind visuell und deshalb ist das Gehirnareal für visuelle Eindrücke größer als für alle anderen Sinneswahrnehmungen. Aber haben Sie schon darüber nachgedacht, warum schlechter Ton noch störender ist als ein schlechtes Bild?

Wir haben keine Ohrenlider! Deshalb können wir Töne und Geräusche schlechter ausblenden. Auch wirken sie stärker als visuelle Eindrücke auf unser Unbewusstes, auf unsere Emotionen. Filme ohne Filmmusik? Die Stimmung ginge verloren! Lärm und unangenehme Geräusche treiben den Blutdruck in die Höhe. Guter Ton lohnt sich also, auch weil guter Ton „übertragungstechnisch" beim Teilnehmenden ankommt. Die gute Bildqualität dagegen bleibt manchmal bei schwankender Übertragungsbandbreite auf der Strecke, wie jeder schon erlebt hat.

Was macht guten Ton aus?

Der Ton ist nicht nur von der Aufnahmetechnik, sondern ebenso von der Raumakustik, der Sitzordnung und der Gruppengröße abhängig. Bevor wir uns mit den Mikrofonen beschäftigen, werfen wir zunächst einen Blick auf die Veranstaltungs- und Raumsituationen. Denn diese fordern unterschiedliche Lösungen. Wir konzentrieren uns dabei nur auf Situationen, die für Sie und die meisten Leser wichtig sein werden. Auf Situationen, die Sie durch Ihr Wissen, Ihr Handeln und geringe Investitionen verbessern können. Denn in großen Räumen mit vielen Teilnehmenden werden Sie üblicherweise professionell von jemandem unterstützt, der sich auskennt und werden nichts mit der technischen Ausstattung dieser Räume zu tun haben.

Übliche Raum- und Arbeitssituationen:

- **Übliche Meetingsituationen:** Z. B. im Homeoffice, von unterwegs oder am Büroschreibtisch. Sie sitzen vor Ihrem Desktopcomputer oder Laptop und nutzen dessen eingebaute Kamera sowie das integrierte Mikrofon. Ein Problem, vor allem bei älterer Computerhardware: Kamera und Mikrofon sind von bescheidener Qualität. Besser Sie verwenden eine gute Webcam mit Autofokus und automatischem Gegenlichtausgleich sowie ein externes Mikrofon. Der eingebaute Lautsprecher ist fast immer gut genug zum Zuhören.

  Bei der Verwendung eines Tablets ohne externer Tastatur wird Ihr Finger bei der Bedienung der Meetingsoftware immer wieder in Großaufnahme zu sehen sein. Das kann für die Zuschauer störend werden. Das gilt auch für das Smartphone. Deshalb sind Computer oder Laptop besser für virtuelle Interaktion geeignet.

  Bringen Sie das Kameraauge auf Augenhöhe für eine gute Aufnahmeperspektive. Setzen Sie sich zentral vor die Kamera. Weder in der Froschperspektive noch von oben herab kommen Sie gut rüber. Statt mit Kisten und Büchern die Kamera auf Augenhöhe zu bringen, ist ein Stativ mit Halterung oder ein höhenverstellbarer Schreibtisch die bessere Lösung. Auch wackelige oder um 90 Grad gedrehte Handyvideos müssen nicht sein.

- **Wechselnde Arbeitssituationen:** Wenn Sie z. B. an einem analogen Whiteboard oder Flipchart arbeiten, Anleitung im Stehen geben oder nur Abwechslung bieten möchten, verwenden Sie mehrere voreingestellte Kameras. Zoom z. B. unterstützt. verschiedene Kameras und Mikrofone. Komfortabler sind sogenannte Switches, die Ihre „Kameraregie" sehr einfach machen. Wenn Sie im Raum umhergehen, ist ein gutes Funk-Headset oder Kopfbügelmikrofon optimal. Denn die Tonqualität ist unabhängig von Ihrer Postion im Raum. Für bessere Beschallung dient ein Bluetooth-Aktivlautsprecher.

Wenn Sie in die Aufnahmeakustik tiefer eintauchen wollen, lohnt sich die Beschäftigung mit Tontechnik. In Wikipedia finden Sie viele Informationen. Auch gibt es hervorragende Videos auf Youtube zu diesen Themen. Gerade Tutorials, in denen gezeigt wird, wie mit wenig Aufwand gute Videos gedreht werden können, sind interessant.

- **Teams im Huddle Room:** Hier setzen sich in der Regel 4 bis 6 Teilnehmende mit ihren Laptops an einen runden Tisch und kommunizieren virtuell mit externen Teilnehmenden. Die eingebauten Mikrofone der Laptops werden ausgeschaltet, um Rückkopplungen zu vermeiden. Aufgenommen wird stattdessen mit einem mittig platzierten Grenzflächen-Mikrofon mit Kugelcharakteristik. Noch einfacher ist es, wenn diese einen eingebauten Aktiv-Lautsprecher haben. Eine Alternative dazu sind ein oder zwei von der Decke hängende Kondensatormikrofone.

- **Meetingraum:** Hier sitzen bis zu 30 Teilnehmer an Tischen, so dass sich alle sehen können. Meist hängt ein größerer Bildschirm, gut sichtbar für alle, an der Stirnseite des Raumes. Eine sogenannte Soundbar, ein Lautsprechersystem mit integriertem Verstärker, verbessert die Beschallung.

  Optimal ist mindestens ein Tischschwanenhalsmikrofon für zwei Teilnehmende mit integriertem An/Aus-Schalter. Noch besser ist die Verwendung eines Diskussionssystems, welches das jeweilige Mikrofon nur dann einschaltet, wenn ein Teilnehmer sich zu Wort meldet. Das reduziert wiederum die Gefahr von Rückkopplung mit der Soundbar. Es gibt, alternativ dazu, Tischmikrofone mit eingebauten Lautsprechern. Drahtlose Mikrofone bieten noch mehr Flexibilität, auch wenn Tische für Gruppenarbeit und ähnliches umgestellt werden.

  Optimal für den Moderator: ein Headset, ein Kopfbügel- oder Ansteckmikrofon.

- **Auditorien, Sitzungssäle, Veranstaltungshallen, Seminarräume:** Nur kurz: Hier ist für hohe Funktionalität sowie gute Ton- und Audioqualität eine professionelle Ausstattung nötig. In diesem Bereich sind Systemanbieter tätig, die entsprechende „Alles aus einer Hand-Lösungen" anbieten – inklusive Beratung, Installation, und Wartungsservice.

Tonaufnahme und unterschiedliche Mikrofone

Wissen Sie, dass die Akustik des Raumes mehr Einfluss auf die Tonqualität hat als das Mikrofon? Ist der Raumklang problematisch, helfen weder Mikrofon noch Nachbereitung! Mit Akustikwänden oder behelfsmäßig mit Decken, Teppichen und Vorhängen können Sie Räume akustisch schnell verbessern. Für hohe Ansprüche an Tonqualität werden Sie einen professionellen Raumakustiker brauchen.

Kleine Mikrofonkunde:

Je höher der Preis, umso besser die Qualität. Und trotzdem: Manche Weltstars lieben Ihr 70-Dollar-Mikrofon, weil sie genau diesen Klang mögen. Wahrscheinlich werden auch Sie etwas experimentieren müssen, bis Sie „Ihr Mikrofon" gefunden haben. Auch passt nicht jedes Mikrofon für jeden Anlass. Im professionellen Bereich wird die Feinjustierung des Klangs zusätzlich durch zwischengeschaltete Hard- und Software optimiert. Hier im Buch beschränken wir uns auf Mikrofone oder Übertragungssysteme, die direkt per Bluetooth, WLAN oder Kabel mit dem Computer verbunden werden. Eingestellt wird dann höchstens noch die Stärke des Eingangspegels. Für die Auswahl und den Kauf helfen Ihnen die folgenden Informationen.

Man unterscheidet zwischen dynamischen Mikrofonen mit einer elektromagnetischen Tauchspule und Kondesatormikrofonen. Dynamische Mikrofone sind robust, haben einen volleren, „dreckigeren" Sound und brauchen keine externe Stromversorgung. Sie sind unempfindlicher gegen Rückkopplungen, weil sie nicht so schnell ansprechen. Kondensatormikrofone sind teurer, haben einen klareren, realistischeren Klang und brauchen eine externe Stromversorgung, z. B. durch das USB Kabel. Kondensatormikrofone sind in virtuellen Treffen am gebräuchlichsten.

Mikrofone werden nicht nur nach Typ und Form sondern auch nach ihrer Richtcharakteristik unterschieden, das bedeutet aus welcher Richtung der Schall besonders gut aufgenommen wird: Bei der Kugelcharakteristik wird der Schall von allen Seiten des

Mikrofonkopfes gleich gut aufgenommen. Bei der Nierencharakteristik wird der Schall frontal am stärksten aufgenommen, an den Seiten schwächer und der Schall von hinten wird fast unterdrückt. Gebräuchlich sind darüber hinaus u. a. noch Mikrofone mit Richt-, Hypernieren- und Achtercharakteristik.

Nun noch etwas zum Nahbesprechungseffekt, dem sonoren Radiomoderatorklang. Bei einem Großmembranmikrofon klingt die Stimme bassiger und voluminöser je näher man zum Mikrofon spricht. Dieser Klang mag erwünscht sein, erschwert aber bei undeutlicher Aussprache die Verständlichkeit. Hier eine Übersicht der Mikrofontypen:

■ **Eingebaute Mikrofone:** Diese werden zwar mit jeder neuen Computergeneration besser, sind aber trotzdem selbst günstigen externen Mikrofonen unterlegen.

■ **Großmembran-Kondensator-Mikrofone:** Dieses sind die besten Mikrofone für stationäre Sprachaufnahmen. Per USB-Kabel angeschlossen sind diese Mikros für seitliche Besprechung ausgelegt und lassen vor allem Sing- und Sprech-Stimmen sehr vorteilhaft klingen. Verstärkt wird dieser Effekt auch durch den oben erwähnten Nahbesprechungseffekt. Kleinmembranmikrofone sprechen schneller an, klingen aber dagegen schonungslos realistisch. Großmembran-Mikrofone werden meist in einer Mikrofonspinne erschütterungsfrei mit Stativ direkt vor dem Sprecher platziert. Ein zusätzlicher sogenannter Pop- oder Ploppschutz reduziert „knallende" Konsonanten wie P, T, K. Der Preis: ab 150 Euro, für hochprofessionelle Ansprüche über 3000 Euro. Wer Pod- und Videocasts in einer guten Tonqualität produzieren möchte, kommt um diesen Mikrofontyp nicht herum.

■ **Headsets, mit und ohne Bügel:** Hier werden Kopfhörer mit einem Mikrofon kombiniert. Dabei unterscheidet man zwischen ein- und zweiohrigen Ausführungen. Bei einem einohrigen Headset bleibt ein Ohr frei, um die Außenwelt noch gut wahrzunehmen – Stereo-Wiedergabe ist damit natürlich nicht möglich.

Zudem unterscheidet man zwischen Bügelmikrofonen (üblich für Callcenter, Gaming, Telefonie) und InEar-Ausführungen (üblich beim Smartphone). Die kabellosen Headsets mit Bluetooth Übertragung erlauben Bewegungsfreiheit und sind teurer. Die Kabelgebundenen haben meist eine bessere Tonqualität. Optimal ist deshalb, wenn sowohl Kabel- als auch Bluetooth-Anschluss möglich sind. Die In-Ear-Variante bei denen das Mikrofon im Kabel integriert ist, sind weniger geeignet: Das Reiben an der Kleidung verursacht leicht „Kruschelgeräusche". Und das Mikro beim Sprechen vor den Mund zu halten, ist eine Notlösung – unbequem und unschön gerade bei Videoübertragungen. Die Preise liegen zwischen 30 und 300 Euro. Hochpreisige zweiohrige Headsets bieten oft Active Noise Cancellation, ANC; durch elektronisch erzeugten „Gegenschall" werden störende Außengeräusche reduziert bzw. sogar fast vollständig unterdrückt.

Entwickeln Sie Gespür für gute Tonaufnahmen. Hören Sie bei Videos und Webinaren einmal genau hin. Welche Stimme klingt voll und überzeugend? Wen verstehen Sie gut und deutlich?

- **Tischmikrofone:** Diese sind speziell für Meeingräume konzipiert. Es gibt entweder Tischmikrophone mit Kugelcharakteristik für kleine Gruppen, die alle Sprecher gut aufnehmen, oder Schwanenhals-Tischmikrofone für einzelne Sprecher. Wie schon erwähnt sind diese Mikrofone oft Komponenten eines Diskussionssystems für professionell eingerichtete Meetingräume. Die Preise für solche Mikrofone liegen zwischen 80 und 300 Euro.

- **Ansteckmikrofone, Lavalier-Mikrofone:** Das sind Miniatur-Ansteckmikrofone mit Kugelcharakteristik, die eine sehr gute Qualität für Sprachaufnahmen bieten. Sie sind optimal für Talkshows und Situationen, bei denen sich die Menschen nicht viel bewegen. Für Drahtlosübertragung benötigt man zusätzlich einen Sender und einen Empfänger. Das Mikro wird mit einem dünnen Kabel durch die Kleidung mit einem am Körper getragenen Sender verbunden. Dieser überträgt weiter an den Empfänger, der mit dem Mischpult bzw. Computer verbunden wird. Die Preise für ein Lavalier-Mikrofon liegen zwischen 60 und 200 Euro. Hinzu kommen noch Sender und Empfänger, die zwischen 300 und 800 Euro kosten.

- **Kopfbügelmikrofone:** Diese eignen sich besonders für Redner in der Öffentlichkeit, Rundfunkprofis, Schauspieler, Sänger und Musiker. Diese Mikros sind eine Profilösung – gerade auch im Bereich der virtuellen Treffen. Sie verbinden eine hochwertige Stimmwiedergabe mit großem Tragekomfort und sind kaum zu sehen. Außerdem sind sie sehr leicht! Die Preise für ein Kopfbügelmikrofon liegen zwischen 200 und 800 Euro. Auch hier sind Sender und Empfänger wie beim Lavalier-Mikrofon nötig.

- **Handmikrofone:** Diese sind für virtuelle Treffen weniger gebräuchlich. Unter Umständen sind Funkhandmikrofone für Wortmeldungen in größeren Meetingsituationen ein möglicher Ersatz für Schwanenhals-Tischmikrofone.

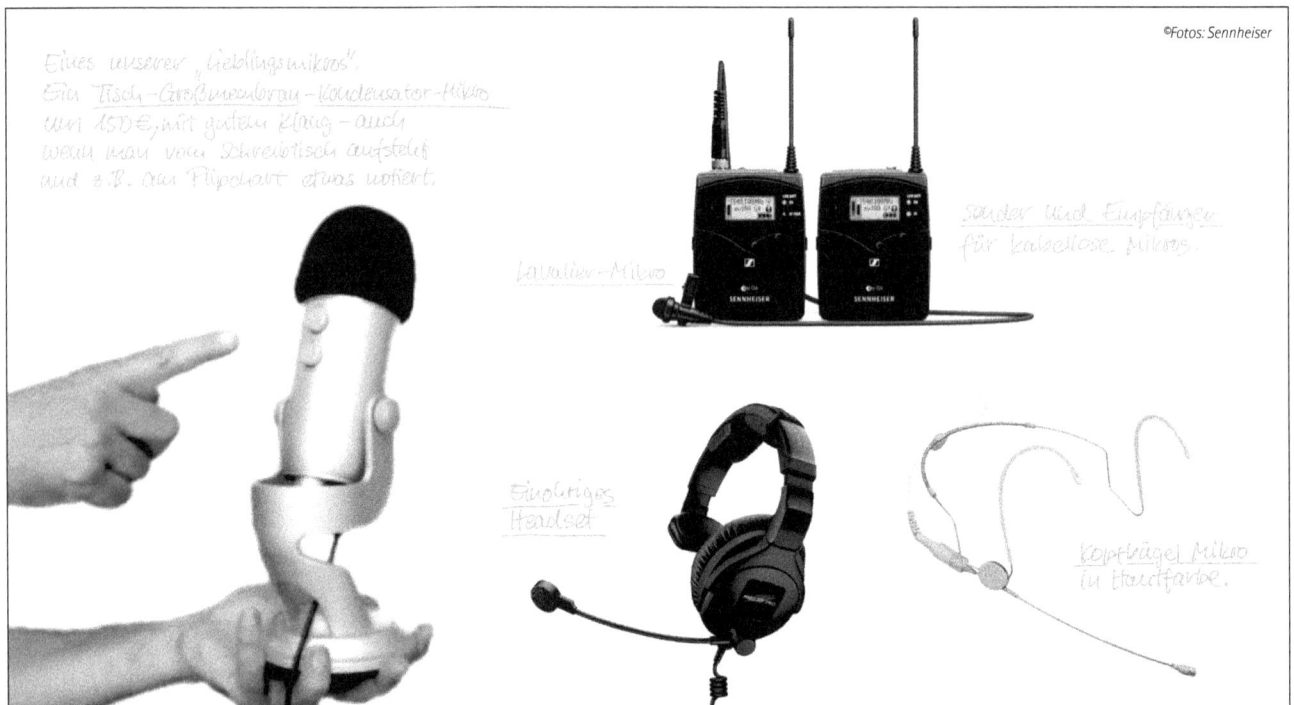

©Fotos: Sennheiser

Kameras

Grundsätzlich können Sie jede moderne Kamera mit Ihrem Meetingtool zum „Spielen"
bringen. Bei Webcams reicht dafür ein USB-Kabel. Bei hochpreisigen Videokameras,
Camcordern, Spiegelreflex- oder Systemkameras, die ja heute alle High-End-Videos aufzeichnen können, benötigen Sie einen Adapter, z. B. von HDMI auf USB. Überlegen Sie
aber: Wann nutzt Ihnen im Meeting hervorragend aufgelöste Bildqualität wirklich?
Bessere Bildqualität heißt: Mehr Bilddaten müssen übertragen und vom Meetingtool
verarbeitet werden. Das kann bei per Video zugeschalteten Teilnehmenden, die nur über
einen schlechten Internetanschluss verfügen, unnötig zu Problemen führen. Wenn Sie
aber ein Videocast oder ein Tutorial aufnehmen, lohnt sich das Mehr an Qualität.

*Googeln Sie nach aktuellen Kamera-
tests für Videomeetings. In diesem
Bereich entwickelt sich die Technik
rasant.*

Die geeignetsten Kameras für virtuelle Treffen sind Webcams und Tischkamerasysteme.
Diese sind genau für diesen Einsatz konstruiert und kosten nicht viel. Der Preis von Webcams beginnt bei 25 Euro, Spitzenmodelle liegen bei ca. 300 Euro.

Was kann eine gute Webcam besser als eine intern verbaute Kamera?

Folgende Features sind gebräuchlich:

- **Autofokusfunktion, oft sogar mit Gesichtserkennung.** Das heißt, Ihr Bild ist
  immer optimal scharf, auch wenn Sie sich bewegen.

- **Bessere Kamera-Optik.** Das heißt: mehr Schärfe, bessere Farben, gleichmäßig
  hell bis zu den Bildrändern und weniger Bildverzerrung.

- **Hohe Auflösung in Full-HD.** Darüber hinaus eine hohe Bildrate mit bis zu
  60 Bildern pro Sekunde, bei Spitzenmodellen ähnlich wie bei einem Camcorder.

- **Automatische Helligkeitsanpassung.** Auch unter schlechteren Lichtbedingungen,
  speziell bei Gegenlicht ist alles – vor allem das Gesicht – besser zu sehen.

- **Kamera ist drehbar**. So sind auch Hochformataufnahmen möglich.

- **Flexible, schnelle Montage.** Entweder mit Klammerbefestigung direkt auf den
  Bildschirm, als auch mit Fotogewinde auf einem Stativ.

- **Veränderung der Brennweite, Zoomfunktion.** Unterschiedliche Bildausschnitte werden möglich, ohne die Kameraposition zu verändern.

- **Integriertes Licht.** Das hilft zusätzlich für bessere Gesichtsausleuchtung.

- **Integriertes (Stereo-)Mikrofon mit Rauschunterdrückung.** Diese Mikros sind zwar meist besser als die in Computern bzw. Laptops oder Tablets verbauten, aber nicht so gut wie externe Mikrofone.

- **Plug-and-Play-Verbindung.** Einfach einstecken und alles funktioniert ohne zusätzliche Treiber. Leicht zu bedienende Zusatzfunktionen.

- **Automatische Komprimierung der Bilddaten.** Das sorgt für gute Qualität bei relativ kleiner Datenmenge.

Wie schon bei der Raumsituation angerissen: Mehrere Kameras bieten mehr Möglichkeiten und machen virtuelle Treffen ansprechender. Um diesen Mehrwert zu erkennen, reflektieren Sie: Was macht ein gutes Video aus? Wie werden unterschiedliche Kameraeinstellungen gezielt dazu genutzt, um die Story und den Inhalt spannender und eindrücklicher zu gestalten?

Richten Sie sich im Vorfeld die verschiedenen Kameraperspektiven ein. Dazu brauchen Sie pro Kamera ein Stativ und vielleicht noch eine oder mehrere Lampen für die gute Ausleuchtung der jeweiligen Aufnahmesituation. Ein Tipp: Markieren Sie Ihre beste Stehposition bzw. Ihren Bewegungsraum mit Klebebändern auf dem Boden. Dann wissen Sie, wie weit Sie sich bewegen können und trotzdem gut zu sehen sind.

Ein Beispiel für die Ausrichtung von drei Kameras.

- Kameraposition 1: Ihr Bildschirmarbeitsplatz mit Fokus auf Ihrem Gesicht.

- Kameraposition 2: Das Büro inklusive Whiteboard mit Fokus auf Ihrem Oberkörper in Bewegung.

- Kameraposition 3: Whiteboard, auf die Details der entstehenden Visualisierung.

Sehr oft hilfreich ist eine zusätzliche, direkt auf Ihren Bildschirm gerichtete Kamera, um Bedienung und Funktionen eines Meetingtools schnell und einfach zu erklären. Für die Teilnehmenden ist es dann so, als könnten Sie Ihnen direkt über die Schulter schauen.

Wenn Ihre Kamerapositionen schon eingerichtet und eingeschaltet sind, müssen Sie in der Veranstaltung nur noch situationsgerecht auf die jeweilige Kamera umschalten. Mit dem schon erwähnten Switch-Pult geht das schnell – und oft einfacher als über das Kamera-Auswahlmenü des Meetingtools. Noch einfacher: Ihr Co-Moderator übernimmt die Bildregie und agiert vielleicht sogar als Kameramann. Dann können Sie sich ganz auf die Interaktion mit Ihren Teilnehmenden konzentrieren. Übrigens: Gute Kameraschwenks wirken lebendiger als feste Kameraeinstellungen.

Anschlussmöglichkeit / Verbindungen

Drahtlose Übertragung ist bequem, auch werden Kabelstolperfallen vermieden. Aber gerade Videosignale brauchen eine gewisse Bandbreite und Übertragungsgeschwindigkeit. Und hier ist ein Kabel Bluetooth und WLAN überlegen. Deshalb schließen Sie, wenn möglich, Ihre Kameras per Kabel an Ihren Computer an – auch hochwertiger Ton profitiert vom Kabelanschluss.

Und, wir haben es kürzlich erst wieder erlebt, auch Laptops und Tablets gehören an ein Ladegerät. Es macht keinen guten Eindruck, wenn der Moderator das Meeting als Erster verlässt, weil sein Akku leer ist. Ein Sicherheitstipp: Kleben Sie Kabel auf dem Boden grundsätzlich ab. Stolpern Sie über ein Kabel, wird es meist teuer. Schnell ist ein Stativ samt Kamera umgefallen oder der Geräteanschluss ruiniert.

Noch zum Internetanschluss: Unter 50 Mbit/s Übertragungsrate wird ein Videomeeting vor allem für den Moderator schwierig. Besser sind 100 Mbit/s, 200 Mbit/s sind komfortabel. Bei schlechten Verbindungen nutzen Sie besser das Smartphone mit LTE als Hotspot. Leistungsfähige Hotspots sind zudem ein gutes Backup für VDSL-Ausfälle.

Beleuchtung

Das Wichtigste für jeden Filmer und Fotografen ist das Licht!

Das gilt auch für virtuelle Treffen – Ihre Botschaften, Ihr Inhalt und Sie sollen im besten Licht erscheinen. Professionalität heißt gute Ausleuchtung! Sie brauchen also Lampen. Mit vorhandenen Steh-, Schreib- und Deckenlampen lässt sich zwar schon einiges hinbekommen. Aber machen Sie es sich einfacher und nutzen Leuchten, die für diesen Zweck entwickelt worden sind. Deshalb nun etwas „Lampenwissen". Leuchten haben vier Maßgrößen: Erstens, die Beleuchtungsstärke; zweitens, die Farbtemperatur, also die Farbe des Lichtes, wie bläulich kalt, neutral oder rötlich warm; drittens, die Technik der Beleuchtungskörper, wie Neon, LED, Halogen; viertens, die Abstrahlform bzw. der Abstrahlwinkel des Lichtkegels, wie Spot- oder Flächenleuchte.

Die meisten Leuchten nutzen heute die LED-Technik. Sie sind energiesparend, hell, haben eine lange Lebensdauer und sind meist dimmbar. Oft können sie sogar im Farbton angepasst werden – so erzeugen Sie, wenn Sie wollen, Morgen- und Abendstimmung in Ihrem virtuellen Meeting! Üblich sind:

- **Ringleuchten:** Hier können Sie die Kamera direkt innerhalb des Rings platzieren. Der Vorteil: So kann weder die Kamera noch das Stativ Schatten werfen. Eine Leuchte im optimalen Durchmesser von ca. 70 cm gibt es mit Stativ schon unter 80 Euro. Wer sich nur auf eine Leuchte beschränken möchte, der sollte sich für eine Ringleuchte entscheiden.

- **Softboxen**: Hier ist das Leuchtmittel in einer Schirmhülle platziert und leuchtet von innen auf den Stoff. Dieser angestrahlte Stoff ergibt ein gleichmäßig weiches Licht und blendet weniger wie eine Ringleuchte. Für härtes Licht können Sie die Stoff-Reflektionsfläche von der Box entfernen. Mit zwei Softboxen gelingt eine noch bessere Ausleuchtung – veranschaulicht auf der Skizze auf der nächsten Seite. Zwei ordentliche Softboxen inklusive Stativ gibt es ab 80 Euro.

Wenn Sie eine Ringleuchte verwenden, erzeugt man einen psychedelisch wirkenden hellen Augenreflex. In Großaufnahme fällt das besonders auf. Und bei Brillenträgern wird dieser Reflex groß und störend – er verdeckt sogar die Augen!

In der Werbefotografie wird eine Ringleuchte bewusst eingesetzt, um die Augen durch diesen ringförmigen Reflex zum Leuchten zu bringen. Dann allerdings ohne Brille.

1 Haupt-
licht
(soft)

mit 2-
Lichtquellen
(2x soft)

3-Punkt-Ausleuchtung
mit 3 Lichtquellen
(2x soft, 1x hart)

Führungs-
lichter
(soft)

Blickrichtung
(Kamera in
Achse Licht)

Mehr über
Ausleuchtung
bei Youtube +Co

Spitzlicht
(hart)

Softboxen auf Stativ
(weiches Licht).

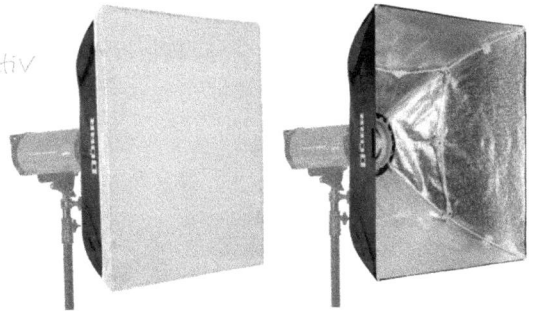

LED-Leuchten mit
veränderbarer Licht
stärke und Farbtemperatur
(hartes Licht).

Ringleuchte groß
Die Kamera kann
mittig plaziert werden,
Ein seperates Kamera-
stativ könnte Schatten
werfen!

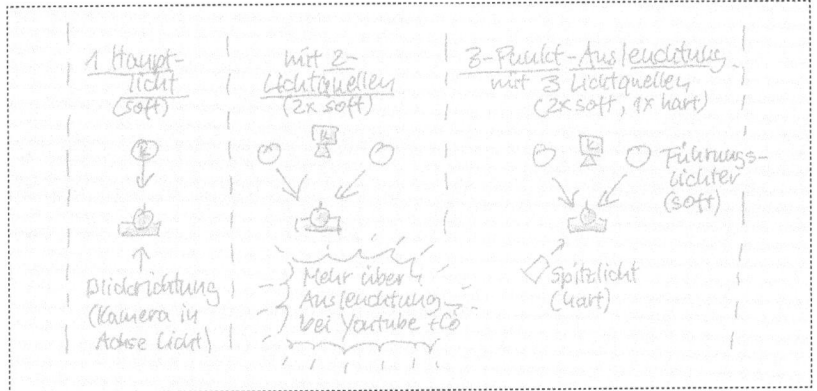

©Fotos: Dörr Foto

59

- **LED-Flächenleuchten**. Sie sind sehr gut für indirekte Beleuchtung geeignet, z. B. für die Wand hinter Ihnen. Auf der höchsten Stufe sind sie dagegen zu hell für eine direkte Beleuchtung von vorne. Sie sind perfekt dafür geeignet, einen Gegenstand, den Sie virtuell präsentieren möchten, ins rechte Licht zu rücken. Auch die Batterie- bzw. Akkuvarianten sind interessant. Sie gibt es ab 20 Euro.

Ganz besonders wichtig ist die gute Ausleuchtung Ihres Gesichtes. Dafür ist die Ausleuchtung von vorne optimal. Es macht unser Gesicht glatt, „schönt" Falten und Hautunreinheiten sowie Farbunterschiede im Teint. Licht von der Seite erzeugt dagegen starke Kontrastunterschiede und betont die Falten. Auch schlecht ist Gegenlicht – das gesamte Gesicht wirkt dunkel vor dem blendenden hellen Hintergrund. Gute Webcams können das elektronisch zwar schon recht gut ausgleichen, aber es ist wie bei der Tonaufnahme: Je besser die Aufnahmesituation, umso „leichter" tut sich die Kamera, umso überzeugender ist das Ergebnis.

Wie erreichen Sie die optimale Beleuchtung von vorne?

- **Sie setzen sich mit dem Gesicht zum Fenster.** Es kann sein, dass Ihr Monitor Sie etwas abschattet. Am besten ist das Licht an einem trüben Tag ohne direktes Sonnenlicht. Sie sehen: bei dieser Methode sind Sie vom Wetter und der Tageszeit abhängig. Besser ist deshalb...

- **Sie positionieren vor sich eine oder zwei Flächenleuchten,** eine Softbox oder Ringleuchte. Sie sollten die Leuchte etwas schräg von oben über Ihren Bildschirm platzieren, so reduzieren Sie den Bildschirmschatten. Ist das Licht von vorne zu grell, sind Sie vielleicht zwar gut ausgeleuchtet, aber Sie kneifen die Augen zusammen – das ist weder schön noch angenehm. Stellen Sie daher direktes Licht von vorne niemals blendend ein. Ein Dimmer an der Leuchte ist somit immer von Vorteil. Bei mehr Platz stellen Sie die Leuchten im 45 Grad Winkel zueinander sowie mit Abstand auf und platzieren sich im Schnittpunkt der Lichtkegel. Dieser Mehraufwand lohnt sich oft.

- **Sie setzen sich vor eine weiße Wand, die Sie hell anstrahlen.** Das indirekt reflektierte Licht leuchtet Ihr Gesicht gleichmäßig von vorne aus. Wie eine übergroße Softbox! Der Vorteil dabei: Sie werden von dem gleichmäßigen diffusen Licht der hellen Wand nicht geblendet werden.

Gute Raumausleuchtung

Wenn Sie mehrere Kameras nutzen, wie vorher beschrieben, müssen Sie jede Kameraperspektive passend ausleuchten. Das fällt Ihnen leichter, wenn Sie beim Platzieren Ihrer Leuchten folgendes beachten:

- Bemühen Sie sich um eine grundsätzlich gute konstante Ausleuchtung des gesamten Raumes, die sich durch den unterschiedlichen Lichteinfall im Laufe des Tages nicht zu stark verändert. Eine gute Grundbeleuchtung des Raumes, auch durch eine Deckenbeleuchtung im Tageslichtton, hilft dabei.

- Vermeiden Sie, dass die Lampen auf dem Bild zu sehen sind und sich gegenseitig ungünstig beeinflussen.

- Vermeiden Sie Spiegelung und Blendung. Gerade normale Whiteboards sind dafür besonders anfällig, Flipcharts weniger. Wenn Sie viel mit dem Whiteboard arbeiten und Ihre Visualisierungen per Video übertragen, lohnt sich ein mattes, entspiegeltes Whiteboard. Dieses eignet sich zudem sehr gut für die Beamerprojektion.

- Vermeiden Sie scharf abgezeichnete, dunkle Schatten, die durch zu dicht aufgestellte strahlend helle Lampen mit Spotcharakter entstehen. Starke Kontrastunterschiede stellen selbst sehr gute Kameras vor Probleme.

- Denken Sie daran, dass unser Gehirn starke Kontrastunterschiede nivelliert. Die Kamera zeigt, was wirklich zu sehen ist. Testen Sie deshalb vor der Veranstaltung die Beleuchtungssituation direkt anhand der Bildschirmdarstellung des Meetingtools. Fast immer können Sie mit wenig Aufwand viel verbessern.

Stative und Halterungen

Investieren Sie in Stative und Halterungen – für Ihre Mikrofone, für Ihre Kameras und für Ihre Beleuchtung.

Die Stative, die Sie für virtuelle Treffen benötigen, sind nicht teuer. Die Preise liegen zwischen 15 und 100 Euro. Das in der eKommunikation eingesetzte Equipment wiegt nicht viel und infolgedessen brauchen Sie keine hochwertigen Stative und Stativköpfe. Trotzdem: Wenn Sie mittelfristig rechnen, kaufen Sie sich besser gleich ein gutes Stativ und dazu einen guten Videoschwenkkopf. Denn vielleicht kommen Sie auf den Geschmack und möchten demnächst ein Video drehen. Oder Ihr Co-Moderator wird zum Kameramann im Workshop. Dann ärgern Sie sich über den einfachen Kugelstativkopf – dieser ist ja für Festeinstellungen und nicht für weiche Kameraschwenks gedacht.

Wenn Sie Ihr Smartphone oder Ihr Tablet als zusätzliche Kamera benutzen, brauchen Sie eine Halterung. Wackelkonstruktionen mit Notenständern und Gummiringen nerven auf die Dauer und sind Notlösungen. Machen Sie sich das Leben nicht unnötig schwer! Diese Halterungen kosten zwischen 10 und 60 Euro – weitaus weniger als ein heruntergefallenes Handy oder Tablet!

Hintergründe

Sie zeigen oft mehr als Sie wollen. Ein unaufgeräumtes Regal, die blendende Lampe hinter Ihnen, ein Bild an der Wand, einen Vorhang, Ihre Familienmitglieder. Im Kapitel *Auftreten* erfahren Sie dazu noch einiges mehr. Deshalb an dieser Stelle nur ein paar grundlegende Tipps dazu. Wenn Sie häufig virtuell kommunizieren, lohnt sich das Gestalten eines Hintergrundes, Ihres Bühnenbildes. Denken Sie auch bei verschiedenen Kameraeinstellungen an die entsprechende Gestaltung „Ihrer Bühne". Ein Hintergrund kann bewusst Ihre Aussage verstärken oder bewusst neutral sein. Für beides ist ein sogenannter Greenscreen hilfreich.

Warum ein Greenscreen bzw. Bluescreen?

Dieser einfarbig-gleichmäßige Hintergrund in grün oder blau ermöglicht ein automatisiertes sogenanntes „Freistellen" des Sprechers. Sie werden als Person sozusagen „ausgeschnitten", um Sie vor einem anderen, einem selbstgewählten virtuellen Hintergrund auftreten lassen zu können. Denn das kräftige Blau oder Grün dieser Screens sind Farbtöne, die am menschlichen Körper in dieser Intensität nicht vorkommen und sich damit gut von den Haut- und Haartönen abheben. Damit diese Technik gut funktioniert, sollte die Kleidung aus möglichst gering reflektierenden Stoffen bestehen und nicht die Hintergrundfarbe des Screens haben. Die Vorteile:

- Sie müssen spontan in unaufgeräumter Umgebung ein virtuelles Treffen durchführen. Oder Sie möchten einen für den Ton gut geeigneten Aufnahmeraum nutzen, der aber optisch nichts hergibt. Dann stellen Sie einfach Ihren Greenscreen auf – das dauert nur wenige Sekunden – und wählen die Funktion Greenscreen im Meetingtool aus. Und schon sprechen Sie für den Betrachter vor einem aufgeräumten hellen Hintergrund! Diese Technik wird übrigens oft in Werbevideos genutzt.

- Sie möchten themengerecht einen anderen Hintergrund einsetzen. Vielleicht ein aussagekräftiges Foto, ein Video oder ein extra gestaltetes Powerpoint-Slide. Mit dem Greenscreen alles kein Problem! Beispiele dafür sind Interviews: Nicht jeder Korrespondent steht leibhaftig vor dem Bundestag in der Tagesschau.

Manche Tools simulieren diese Funktion auch ohne einen physischen Greenscreen. Dies kann man ebenfalls im Meetingtool auswählen. Die Wirkung ist aber weniger professionell. Es entstehen nicht selten Auraeffekte und Geisterbilder oder Körperteile verschwinden bei Bewegung.

Die Kosten für eine Screen-Fläche, vor der man auch aufrecht stehen kann, beginnen bei 80 Euro. Geschickt sind Greenscreens in Rollup-Form, die Sie einfach und schnell wie ein Werbedisplay aufstellen können und die zugleich ein kleines Transportmaß haben.

Guter Video-Schwenk.
Kopf macht ruhige
Kameraschwenks
unkompliziert!

Stabiles Stativ in
guter Qualität hat
man ein Leben lang.

Ebenfalls geschickt –
der "Tablet-Halter"!

Gorilla-Pod-Stative
Sehr geschickt auch
zum Mitnehmen.
Bei Variante mit
5 Armen kann zudem
Mikro und kleines
LED-Licht zusätzlich
zur Kamera montiert
werden.

Unverzichtbar: der
Handy-Halter für
das Stativ. Handy-
Kameras sind heute
hervorragend – und
eine perfekte zweite
Kamera.

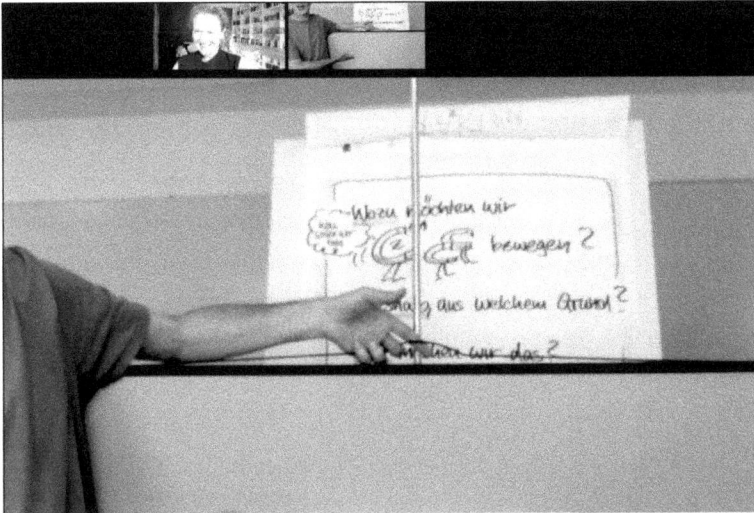

Greenscreen in Roll-Up-Form. Zum einfachen mitnehmen.

Perfekter automatischer Freisteller mit Greenscreen.

Ungenauer Freisteller ohne Greenscreen nur von Zoom simuliert. Die Folge: unschöne Lichthöfe und Farbsäume!

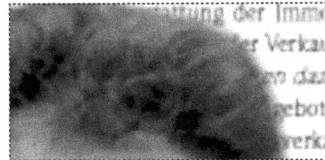

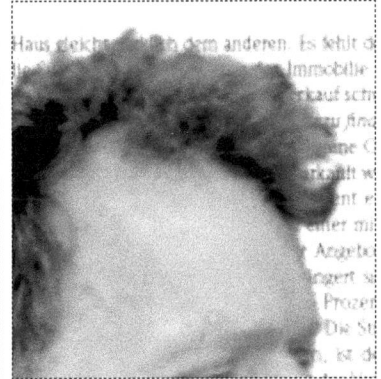

Kennen Sie die drei größten Fehler beim Immobilienverkauf, die Sie nicht nur Bares, sondern auch Nerven kosten?

Virtuell eingespielter Hintergrund – passend zum Webinar-thema.

Zusammenfassung Aufnahmesituation

■ Schauen und hören Sie genau hin!

Optimieren Sie Ihre Bild- und vor allem Tonqualität

Nervt es Sie auch, wenn Sie schlechten Handyempfang haben? Wenn Sie Wichtiges schwer erkennen können? Wenn Ihr Gesprächspartner Sie kaum beim Reden anschaut? Oder wenn bei einem spannenden Film immer wieder das Bild einfriert oder Ton- und Bild nicht synchron sind? Ähnliches erleben wir zu oft in Online-Treffen. Das muss nicht sein! Wer etwas zu sagen hat, bleibt nicht im Dunkeln sitzen. Wer höflich ist, schaut in die Kamera beim Reden und nicht von oben auf Sie herab. Wer sich und anderen Stress ersparen möchte, sorgt für klaren, verständlichen Ton. Das alles kostet wenig Aufwand und oft nur eine Investition in der Höhe eines Abendessens zu zweit.

Level 1

❏ Technikcheck für Bild und Ton – Qualität des Tons ist wichtiger als das Bild!

❏ Für optimale Beleuchtungssituation sorgen

❏ Kamera auf Augenhöhe platzieren

❏ Vorteilhaften Bildausschnitt wählen, meist mittig

❏ Hintergrund und Arbeitsfläche überprüfen

❏ Auf unschöne Spiegelungen achten (Brille)

❏ Computerdesktop aufräumen für besseren Eindruck beim Bildschirm teilen

❏ Technische Geräte vorher aufladen

❏ Als Backup Ladekabel bereit halten

Level 2

- ❑ Für funktionelles Equipment sorgen, wie z. B. Ringleuchte, Stative, Halterungen

- ❑ Besser Kabelverbindungen statt WLAN nutzen

- ❑ Gutes externes Mikrofon, wenn möglich auspegeln

- ❑ Für ruhige, störungsfreie Aufnahmesituation sorgen

- ❑ Ersatzequipment und Plan B

- ❑ Kabel sicher am Boden verkleben

Level 3

- ❑ Weitere Investitionen in Technik und Ausstattung, wie zusätzliche Kameras, Mikrofone, Greenscreen, etc.

- ❑ Assistenz für Technik und Problemlösung

- ❑ Know-How für Videodreh- und Tonbearbeitung

- ❑ Flip Chart und Whiteboard für handschriftliches notieren nutzen

- ❑ Verbessern der Raumakustik

- ❑ Raummarkierungen um optimale Aufnahmesituation rekonstruieren zu können

Visualisierung

■ Mehr Verständnis und Akzentuierung

Wikipedia schreibt zum Visualisieren:

„Mit Visualisierung oder Veranschaulichung (Sichtbarmachen) meint man im Allgemeinen, abstrakte Daten (z. B. Texte) und Zusammenhänge in eine graphische bzw. visuell erfassbare Form zu bringen ... Im Speziellen bezeichnet Visualisierung den Prozess, sprachlich oder logisch nur schwer formulierbare Zusammenhänge in visuelle Medien zu übersetzen, um sie damit verständlich zu machen."

Oder einfacher ausgedrückt:

Wird es schwierig, etwas nur mit Sprache zu erklären, dann mach' ein Bild dazu!

„Wovon man nicht sprechen kann, darüber muss man schweigen – oder man kann es mit Visualisierung versuchen!"

Ludwig Wittgenstein, ergänzt von Siegfried Bütefisch

Ein Bild, eine Visualisierung kann vieles sein: Ein Foto, eine Zeichnung, eine Grafik, ein Symbol, eine Folie und sogar ein einziges Wort – aber nicht vergessen, genauso ein gezeigter Gegenstand oder eine gezielte Körpergeste. Wer eine Wendeltreppe erklärt, wird unwillkürlich seine Hände dazu benutzen. Denn die Erklärung wird dadurch besser verstanden! Persönliches Auftreten, Gestik und Mimik sind eine starke Visualisierung. Dazu mehr im letzten Kapitel *Auftreten*. Oder denken Sie zurück an die Skizze mit dem Dreieck und den zwei Magnetmännchen mit Gedankenblasen auf Seite 32. Wie lang ist schon die Beschreibung in der Randnotiz, die nur einen Teil dieser Visualisierung beschreibt! Wenn Sie den Sachverhalt dagegen als Visualisierung vor Augen haben, können Sie sich diesen Konzeptionsansatz „gegenseitige Anziehung" viel leichter merken. Auch können Sie es anderen besser erklären. Und wenn Sie es sogar jederzeit nachskizzieren können, haben Sie es wirklich verstanden – langfristig. Dabei kommt es nicht auf ein genaues Nachzeichnen an: Allein der Inhalt zählt! Nur wenn Visualisierung und Inhalt zusammenpassen, gilt der Satz:

Ein Bild sagt mehr als tausend Worte.

■ Wie wirkt Visualisierung? Und warum?

Bilder wirken auf zwei unterschiedliche Arten

Ein Bild, eine Visualisierung können wir auf zwei Arten einsetzen: konkret oder metaphorisch. Zwei Beispiele dafür:

Für ein **konkretes Bild** ein Beispiel auf Seite 59: „*... Gutes Licht ist wichtig für eine gute Aufnahmesituation, besonders geeignet dazu ist eine Ringleuchte, da die Kamera im Ring platziert werden kann und so keinen Schatten wirft. ...*" Wer noch nie eine Ringleuchte gesehen hat, versteht gleich mehr durch das Foto mit Beschriftung.

Für ein **metaphorisches Bild** ein Beispiel auf Seite 74: Die Qualität einer Erklärung misst sich dran, wie viele Teilnehmer den Sachverhalt verstanden haben. Zugleich zeigt dieses Beispiel, dass abgedroschene Visualisierungen wie „*Verstanden = Glühbirne*" nicht wirklich mehr einen Wow-Effekt auslösen. Es gibt auch visuelle Floskeln! Wir lachen über einen guten Witz beim ersten Mal auch mehr als bei der 10ten Wiederholung.

Machen Sie ein ein kleines Gedankenspiel:

Stellen Sie sich im Rahmen eines Videomeetings ein formatfüllendes Bild auf Ihrem Bildschirm vor: Von unten links ragt eine Tube Senf ins Bild. Die Tube ist schon halb ausgedrückt, der Senf breitet sich gelbgrün über die Hälfte der Fläche aus. Sie hören dazu die Aussage: „*Was Sie auf diesem Bild nicht erkennen können: Es ist wirklich ein hervorragender Senf! Was passiert aber, wenn nun zwei weitere Tuben ausgedrückt werden? Das wird zu viel! So wie in unseren Teammeetings die ausufernden Diskussionen. Kein Wunder, dass wir nie pünktlich fertig werden. Deshalb brauchen wir künftig andere Spielregeln!*" Sie können sicher sein: Diese mit dem Senf-Slide „gewürzte" Aussage ist MERKwürdig und wird zum Gedächtnisanker für das nächste Meeting. Wenn dann jemand wieder „seinen Senf" dazugeben möchte, wird er sich durch die Senf-Metapher daran erinnern, dass zu viel einfach zu viel ist.

Visualisierung ist ein wichtiger Baustein in der didaktischen Reduktion.

Konkret: Mach's einfacher, damit mehr hängenbleibt. Geh' lieber exemplarisch in die Tiefe, als nur darüberzuhuschen.

Mut zur Fantasie

Visualisierung ist eine lebendige Universalsprache, die mittlerweile mehr Bedeutung hat als die künstlich erschaffene Plansprache „Esperanto". Nutzen Sie die Weltsprache Visualisierung nicht nur in der internationalen Zusammenarbeit!

Fantastische Wirkung erreichen Sie mit kreativen, fantasievollen Bildern. Haben Sie eigentlich schon einmal einen dreitubigen Senf gesehen? Ein Foto davon wird es nicht geben. Mit Bildbearbeitung könnten wir das möglich machen – das wird aber aufwändig und teuer. Machen Sie es sich leichter: Nehmen Sie den Stift in die Hand und skizzieren Sie mit wenigen Strichen einen dreitubigen Senf. Dazu müssen Sie kein Künstler sein! Mit künstlerischem Anspruch machen Sie es sich schwer. Wirklich! Denn Visualisierung ist Sprache, keine Kunst. Eine einfache Sprache, die Sie als Kind schon einmal perfekt gesprochen und wieder vergessen haben. Vielleicht weil Sie im Kunstunterricht für Bilder Noten bekommen haben, vielleicht weil Sie sich selbst ein vernichtender Kritiker geworden sind, vielleicht weil Sie einfach aufgehört haben herumzukritzeln und zu zeichnen.

Visualisierung ist eine einfache, allgemein verständliche Sprache. Ihre Visualisierungssprache ist perfekt, wenn Ihre Skizze verstanden wird. Und dazu reichen einfachste Strichzeichnungen: Menschliche Gehirne sind auf Mustererkennung optimiert. Wir erkennen in Wolken Gesichter, in Wurzeln Zwerge und durch wenige Striche einen dreitubigen Senf. Es gilt sogar: Je einfacher die Sprache, umso besser werden Sie verstanden. An ein „Kunstbild", eine künstlerische Grafik, eine Illustration legen wir andere Qualitätskriterien an, als an eine Visualisierung. Oder überspitzt formuliert: Eine Visualisierung ist schon dann perfekt, wenn sie verstanden wird! Machen wir es an folgendem Beispiel deutlich: Wenn Sie nach dem Weg fragen, erwarten Sie auch keine sprachlichen Feinheiten. Sie wollen den Weg wissen, möglichst schnell – mehr nicht. Sie haben keinen Mehrwert davon, ob Ihnen der Weg in geschliffener Sprache oder geradebrecht mit Akzent erklärt wird. Vielleicht hat der ungewöhnliche Akzent sogar besonderen Charme. Skizzieren Sie also, so wie Sie es können, einen dreitubigen Senf! Jetzt! Und mit diesem Bild gelingt Ihnen etwas eigentlich Unglaubliches: Sie verändern das Gehirn Ihrer Teilnehmer – es entstehen neue neuronale Verknüpfungen zu dem Bild „dreitubiger Senf".

Geben Sie Ihrer Fantasie noch mehr Flügel

Nicht nur die Redbull-Dose kann fliegen, auch dreitubiger Senf. Machen Sie den dreitubigen Senf zur Rakete – der austretende Senf wird zum Antriebsstrahl. So reitet Ihr
Team neuen Ideen entgegen. Sie erzählen damit eine neue Geschichte: *„Machen wir
unsere Meetings künftig kurz und gewinnen wir dafür die Zeit für ein künftiges wöchent-
liches virtuelles Brainstorming – dann finden wir schneller Lösungen."*

Haben Sie keine Angst, dass handskizzierte Bilder unseriös wirken.

Bei wichtigen Konzernpräsentationen, besonders für die oberste Führungsebene und
auf Kongressen, wird inzwischen mehr und mehr visuell präsentiert. Diese Spielart der
Visualisierung wirkt frisch und lebendig und bleibt in Erinnerung.

Was wirkt noch besser als ein Bild?

Eine Bildergeschichte, eine kurze Animation, ein pfiffiges (Erklär-)Video!

Gute Geschichten ziehen in den Bann. Unser Gehirn mag bildhafte Geschichten weitaus lieber als trockene Zahlen, Daten, Fakten. Deshalb ist Storytelling gehirngerecht und wirkungsvoll. Verpacken Sie Abstraktes, Komplexes, schwer Verständliches in eine intelligent visualisierte emotionale Geschichte. Sie erinnern sich an das Dreieck, an FAKTen, die in eMOTION verpackt besser ankommen und verTRAUEN erwecken. So kann die Entwicklung wirtschaftlicher Zusammenhänge spannend erklärt werden. Googeln Sie mal nach Videos von *Hans Rosling*: Seine Präsentationen sind Beispiele für hervorragend visualisierte Zahlen, Daten und Fakten. Auch die unglaublichen Leistungen von Gedächtniskünstlern beruhen auf dem Prinzip „Visualisierung von Geschichten".

Für wirkungsvolle virtuelle Kommunikation müssen Sie die Monotonie reiner „Vorträge" durchbrechen. Ein Problem der eKommunikation sind reduzierte Sinneswahrnehmungen, die Verengung unseres Blickwinkels und die relativ bewegungslose Haltung. „Würzen" Sie deshalb Ihre Botschaften mit Visualisierungen. Aber bitte nur würzen! Sie unterstreichen damit wichtige Aussagen. Zuviel Würze ist ähnlich sinnfrei, als wenn Sie mit dem Textmarker fast alle Textabschnitte hervorheben. Oder in einer Rede jedes Wort betonen. Weniger ist mehr! Aber das kennen Sie ja schon.

Eine Zwischenbemerkung zu Powerpoint-Slides

Nun zu einem Thema, mit dem viele Menschen unnötig gequält werden! Den „Death by Power Point", ausgelöst durch vollgepackte Powerpoint-Folien bzw. -Slides.

Übervolle Powerpoint-Folien mit einem Logo auf jeder Seite, mit langen, viel zu klein geschriebenen Texten inklusive den üblichen Bulletpoint-Aufzählungen sind keine Visualisierungen. Solche Slides sind Vorlagen für betreutes Lesen und niemals Inspiration. Gelungene Slides sind weder Lesemanuskript für den Vortragenden noch Handout für den Teilnehmer. Gute Slides sind Gedächtnisanker! Gute Slides verstärken sprachliche Botschaften. Sie können Ihre Powerpoint-Folien besser machen, wenn Sie folgende Dinge beachten:

- Räumen Sie Ihre Slides auf, radikal – also weniger Texte, weniger Bilder, weniger Farben, weniger „Schnickschnack".

- Verwenden Sie wenig verschiedene Schriftgrößen: Überschrift, Zwischenüberschrift, Fließtext, Abbildungslegende. Das reicht und alle Schriften müssen aus der hintersten Reihe ohne Adleraugen lesbar sein!

- Der Leerraum ist wichtige Gestaltungsfläche. Genauso wie die Pause zur Sprache oder Musik gehört. Oder verwenden Sie einfach nur ein formatfüllendes Bild.

- Das Firmenlogo gehört auf die Startfolie. Auf den Inhaltsslides hat ein Logo nichts zu suchen.

- Genauso wenig braucht es den Schlussslide „Wir danken für Ihre Aufmerksamkeit". Also weg damit! Trauen Sie sich zu diskutieren, wenn Ihre Vorlagen anders vorgeschrieben sind. Schauen Sie auf Slides von nahmhaften Konzernen wie Apple.

- Konzentrieren Sie sich pro Slide auf einen wesentlichen inhaltlichen Aspekt.

- Führen Sie den Blick der Teilnehmer durch ein klares Layout auf den wichtigsten Aspekt der Folie. Klarheit entsteht durch erkennbare Priorisierung.

- Gehen Sie sparsam mit Effekten um. Nichts, aber auch gar nichts muss drehend hineinfliegen. Oder haben Sie diesen Effekt schon einmal in einem guten Film gesehen? Das Ein- und Ausblenden von Seitenelementen und die Animation von weichen Übergängen von Slide zu Slide reicht fast immer völlig aus.

Wenn Sie uns nicht glauben, schauen Sie sich gleich den sehenswerten Clip von Don McMillan an, denn es reicht nicht, viele Informationen weiterzugeben. Sie wollen begeistern, überzeugen, Menschen bewegen. Denken Sie an den dreitubigen Senf!

Weitere Impulse finden Sie unter:

https://www.buetefisch.de/ erfolgreich-_praesentieren-_mit-_ powerpoint/

https://www.youtube.com/ watch?v=lpvgfmEU2Ck

Sprache ist Malerei für das Ohr. Visualisieren ist Sprache für die Augen. Visualisierung wirkt emotional und regt paradoxerweise zugleich logisches Denken und Verständnis für die Zusammenhänge an.

Entstehen lassen steigert die Wirkung

Nehmen wir an, Sie haben sich für ein gutes Bild entschieden oder ein aufgeräumtes Slide entworfen. Prima! Die Wirkung lässt sich noch steigern. Als Würze der Würze sozusagen. Beispielsweise macht ein Teilnehmer eine wichtige Bemerkung – Sie wissen schon, guter gelbgrüner Senf. Dieser Beitrag wird durch eine handschriftliche Notiz oder Skizze aufgenommen und festgehalten. Manchmal sogar direkt auf der schon vorhandenen und vorbereiteten Visualisierung. So wird aus einer Visualisierung von der Stange ein Maßanzug. So lassen Sie aus Fertigem Neues entstehen. So gehen Sie wertschätzend auf die Beiträge Ihrer Teilnehmenden ein.

Viele Whiteboard- bzw. Zeichen- und Notiz-Apps machen das elektronische Skizzieren mit Stift auf dem Tablet sehr komfortabel. Das funktioniert auch gut in der Office-Familie mit Powerpoint, OneNote, Teams und Co. Also noch ein Grund, die Folien mit genügend Leerraum zu gestalten. Im guten Lokal hängt das Schnitzel auch nicht über den Tellerrand mit darüber auf einen Berg gehäuften Beilagen.

Nutzen Sie diese Möglichkeiten zusammen, um mit den Teilnehmenden etwas entstehen zu lassen. Gerade das gemeinsame Entwickeln auf dem digitalen Whiteboard eignet sich hervorragend, um trotz räumlicher Distanz Nähe in der gemeinsamen Arbeit zu erleben. Ein gemeinsames Bild verbindet und ist Ausdruck gemeinschaftlichen Tuns. Ein Tipp für mehr Klarheit: Jeder der Teilnehmenden nutzt „seine" Farbe für seine Anmerkungen.

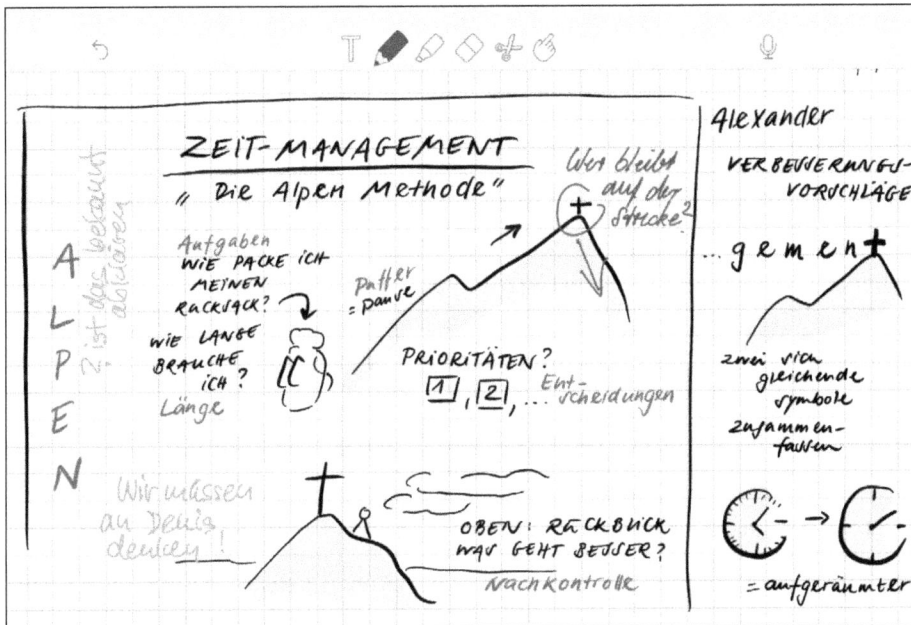

■ Wie und wo finden Sie gute Bildideen?

Hören Sie genau hin – Unsere Alltagssprache ist voll von inspirierenden Sprachbildern:

Redewendungen bringen einen auf visuelle Gedanken: *„seinen Senf dazu geben, der volle Griff ins Klo, der Drops ist gelutscht, dieser Zug ist abgefahren, ..."* Genauso spielen Sprichwörter mit Bildern: *„Wer andern eine Grube gräbt, fällt selbst hinein."* *„Früher Vogel fängt den Wurm."* *„Der Apfel fällt nicht weit vom Stamm."* *„Hohe Türme fällt der Blitz."* Sprache die wirkt, ist bildhaft und sinnlich! Dazu werden konkrete, vorstellbare Wörter genutzt, um die Botschaft zu verdeutlichen – Wörter, die Dinge beschreiben, die man sehen, hören, fühlen, anfassen, riechen und schmecken kann. Behördensprache dagegen ist nicht bildhaft, nicht sinnlich:

„Dieser Anordnung ist Folge zu leisten, / Auf Grund von § 32 in Verbindung mit dem § 28 Absatz 1 Satz 1 und 2 und § 31 des Infektionsschutzgesetzes (IfSG) vom 20. Juni 2000 (BGBl. I S. 1045), das zuletzt durch Artikel 1 des Gesetzes vom 10. Februar 2020 (BGBl. I S. 148) geändert worden ist, wird verordnet..."

Behördensprache möchte keine eMOTION und keine Assoziationen wecken. Keinen Spielraum für Interpretation lassen – und das macht vor Gericht ja durchaus auch Sinn. Aber warum brauchen wir dann trotzdem Anwälte, Richter und Staatsanwälte? Ist vielleicht alles Behördliche doch nicht so eindeutig?

Zurück zu *„Dieser Anordnung ist Folge zu leisten, / Auf Grund von § 32 ..."*. Warum fällt es uns schwer, uns diesen Satz zu merken? Das können wir mit etwas Neurowissenschaft erklären. Machen wir es gleich bildhaft mit Storytelling, mit Sprachbildern.

In unserem Hirn gibt es ein Organ, den beinharten Türsteher, namens Mandelkern (Mandel = hart). Dieses Organ, auch Amygdala genannt, entscheidet neben seinen anderen Aufgaben darüber, welche Informationen zur Verarbeitungsparty in unsere

Heute haben wir es leicht mit Inspirationen für Bildideen: Einfach Stichwörter in der Bildersuche googeln und inspirieren lassen.

Auch gut: Synonyme googeln. Manche Wörter sind bildhafter als andere.

Übrigens: Kennen Sie eigentlich den Unterschied zwischen Redewendung und Sprichwort? Ein Sprichwort ist ein festgefügter ganzer Satz, der eine Weisheit oder einen Sinnspruch ausdrückt: „Der Apfel fällt nicht weit vom Stamm". Ein Sprichwort wird unverändert gebraucht. Eine Redewendung dagegen besteht nur aus einzelnen zusammengehörigen Wörtern „... Senf dazu geben ...". Der Sinn erschließt sich erst durch den Zusammenhang und wird entsprechend dem Satzbau angepasst: „Immer muss er seinen Senf dazu geben!".

Großhirnrinde durchgelassen werden. Dieses Organ hat jahrtausendelange Erfahrung nur diejenigen Informationen durchzulassen, die uns zum Überleben nutzen. Übrigens: Dass Sie heute dieses Buch lesen können, verdanken Sie diesem Türsteher. Ihre Vorfahren haben die Steinzeit und alle Wirrungen der Geschichte überlebt. *„In Verbindung mit dem § 28 Absatz 1 Satz 1 und 2 und § 31."* Dieser Satz macht nicht satt, hat keinen unmittelbaren Bezug zu Dingen, die in der Steinzeit wichtig waren. Also spricht unser Türsteher, Herr Mandelkern: „Unwichtig, draußenbleiben!" Aber mit *„Früher Vogel fängt den Wurm."* – damit kann Herr Mandelkern etwas anfangen! *Wurm, Vogel und Sonnenaufgang*, das hatte Bedeutung in der Steinzeit, es könnte satt machen. Deshalb öffnet Herr Mandelkern die Tür. Das Großhirn kann nun verstehen, dass es sinnvoll ist, die Meetings nicht erst um 11:30 Uhr beginnen zu lassen.

Deshalb ist lebendige Sprache bildhaft, oft dazu metaphorisch. So ist *„Klo"* leichter zu beschreiben und damit zu visualisieren als *„Hygiene"*, *„Drops"* leichter als *„Diabetes"*, *„hohe Türme"* leichter als *„hohe Ansprüche"*. Abstrakte Begriffe wie *„Verordnung"* finden so leichter den Weg in die Großhirnrinde, wenn Sie visualisiert werden. Gerade Tunwörter (Sie erinnern sich: viel bezeichnender als der lateinische Begriff Verb) und Eigenschaftswörter liefern Ideen für emotionale Bilder. Der *„volle Griff ins Klo"* löst andere Emotionen aus, als *„mit spitzen Fingern, vorsichtig das Handy aus der Schüssel retten"*.

Geschichtenpotenzial „Mensch"

Storytelling ohne Menschen und deren Beziehungen geht nicht! Gut, Sie könnten eine Fabel erzählen - aber deshalb geben Sie dann den Tieren menschliche Eigenschaften. Menschen haben Geschichtenpotenzial - von der Tragik bis zur Komik. Ohne Handlungen, Gedanken, Gefühle, ohne Beziehungen wäre jedes Buch, jeder Film, jede Unterhaltung, aber auch jedes virtuelle Meeting todlangweilig. Denken Sie zurück an den „Death by Power Point". Ein Grund, warum schlechte Präsentationen und Behördensprache keine Spuren in unserer Großhirnrinde hinterlassen, sondern einschläfernd wirken. Das macht der Türsteher Mandelkern - er sorgt dafür, dass unser Speicherplatz

Sobald Menschen und Lebewesen ins Spiel kommen, wird Interaktion spannend:

Hund beißt in den Knochen – kaum Geschichtenpotenzial.

Hund beißt Mensch – schon besser.

Mensch beißt Hund – und gleich ist es eine Meldung wert.

nicht zugemüllt wird. Damit wir für Wichtiges topfit sind, geht er auf Energiesparmodus. Amygdala sei Dank! Das handschriftliche Visualisieren, gerade von menschlichen Figuren, hat eine besonders emotionale Wirkung. Diese wird noch gesteigert durch Sprech- und Gedankenblasen, durch eindrückliche Haltungen und Bewegungen. Nun noch einige Ideen für Ihre Visualisierungspraxis:

Werden Sie persönlich – Ihr Zugang für gute Bilder. Ein Beispiel: Es geht mal wieder um langatmige Meetings, die einen oft den Feierabend kosten. Wie geht es Ihnen damit? Vielleicht ärgern Sie sich, dass nun keine Zeit mehr zum Joggen bleibt. Sie können im Meeting das Problem visuell verdeutlichen: Ein durchgestrichener Joggingschuh und dann dazu eine kurze Geschichte erzählt. Das passt und funktioniert. Genauso gut ist ein Bild vom Stau: *„Weil wir das Meeting letzte Woche 20 Minuten überzogen haben, bin ich voll in die Rush-Hour gekommen."*

Faktisches auf den Punkt bringen – Diagramme. Für ein Diagramm, welches in einer Präsentation gut funktioniert, gilt das Gleiche wie für Powerpoint-Folien. Konzentrieren Sie sich auf das Wesentliche. Sie zeigen ein Diagramm, um eine Aussage zu untermauern, nicht um drei Stellen hinter dem Komma jeden Wert darzustellen. Die komplexen Original-Diagramme hingegen gehören in ein Handout, wenn überhaupt! Oft auch eine gute Lösung: Aus komplexen Grafiken machen Sie besser zwei oder drei einfachere.

Kostengünstige oder sogar kostenlose und rechtesichere Bilder finden. Bilder, deren Nutzungsrechte Sie nicht kennen oder besitzen, dürfen Sie nicht verwenden. Nutzungsrechte sind unterschiedlich: Achten Sie darauf, ob Sie die gefundenen Abbildungen werblich oder nur redaktionell nutzen und ob Sie diese Bilder verändern dürfen. Viele Bildagenturen bieten heute kostengünstig oder sogar umsonst einen großen Fundus an Bildern an. Wenn Sie z. B. einen Joggingschuh suchen, eine Tube Senf oder ein Bild vom Stau – Sie haben reiche Auswahl und bei vielen Anbietern eine gute Suchfunktion. Googeln Sie einfach die Stichwörter:

- lizenzfreie Bilder oder Royalty-free Bilder

Ihre eMOTIONEN sind grundsätzlich eine gute Quelle für Visualisierungsideen. Sie müssen sich nur trauen, Ihre Gefühle aus-zu-drücken und mit-zu- teilen.

Schauen Sie aber vor jeder Verwendung in die Nutzungsrechte, ob und wie Sie die Quellenangaben des Urhebers nennen müssen.

Gestaltungsimpulse für Ihre visuelle Bildsprache

Jetzt haben wir uns viel mit dem Inhalt der Visualisierung beschäftigt. Aber nicht nur der Inhalt ist wichtig, sondern auch die Form, also das Layout. Genauso wie es in der Sprache nicht nur um den Inhalt, also das „Was", sondern auch um das „Wie" geht! Ein gutes Layout Ihrer Visualisierung, also das Anordnen und Platzieren der einzelnen Elemente im Bildrahmen, hilft Ihnen, besonders ausdrucksstark zu visualisieren. Vielleicht hilft Ihnen die Metapher einer Bühne: Der einzelne Schauspieler kann noch so gut sein, für eine gelungen Aufführung ist es wichtig, wie und wo die Akteure auf der Bühne agieren. Auf einer schlechten Powerpoint-Folie rennen alle auf einer übervollen Bühne planlos herum und schreien durcheinander. Und vergessen Sie bei der Gestaltung niemals: Nicht nur die Akteure, die Gestaltungselemente im Vordergrund sind wichtig, sondern genauso der Hintergrund. Diese Prinzipien machen Ihre Layouts sofort besser:

Ein Tipp: Schauen Sie sich gute Werbegestaltung bewusst an. Sie werden dann diese hier beschriebenen Prinzipien praktisch umgesetzt erkennen.

- Die Position im Layout entscheidet;

- Die Größe – je größer umso auffälliger. Keine Regel ohne Ausnahme:
  Klein mit viel Platz darum, fällt auch auf;

- Das Motiv an sich – Menschen fallen besonders auf. Speziell Gesichter und
  die Augenpartie;

- Die Kontraste und Farben – je stärker die Trennung von Vorder- und Hintergrund,
  umso deutlicher. Farben wirken unterschiedlich stark. Z. B. Rot als Farbe des
  Blutes mehr als das erdige Ocker;

- Klarheit – je aufgeräumter umso besser;

- Beschäftigen Sie sich mit den Gestaltgesetzen – es lohnt sich wirklich. Die
  wichtigsten davon finden Sie auf der nächsten Doppelseite.

Nun noch einige Beispiele für Visualisierungen

Folgende Visualisierungen sind live im virtuellen Workshop entstanden, bzw. sind dafür vorbereitet worden.

Vielleicht haben Sie Lust auf eine kleine Übung: Wie würden Sie den Unterschied zwischen Gesetz, Verordnung und Artikel visualisieren?

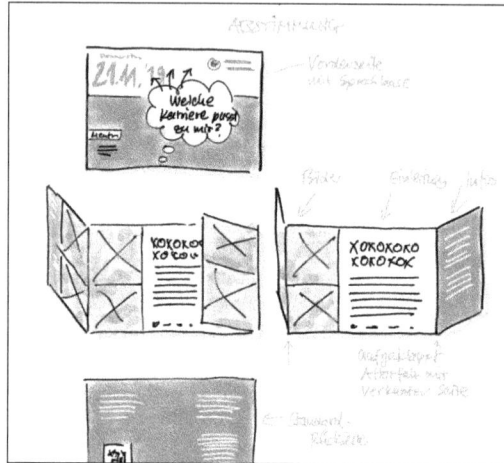

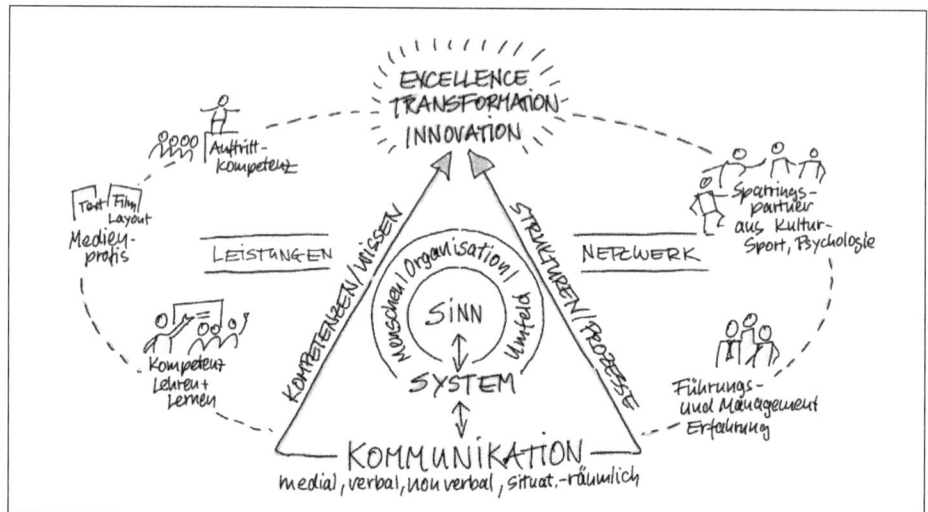

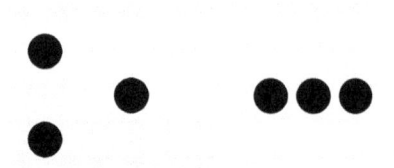

Gesetz der Nähe:
Was enger beisammen liegt, wird als Einheit verstanden.

Gesetz der Kontinuität:
Alles, was auf einer Linie (auch gebogen) angeordnet ist, wird als zusammengehörig empfunden.

Gesetz der Geschlossenheit:
Formen werden optisch ergänzt – bis hin zur optischen Täuschung

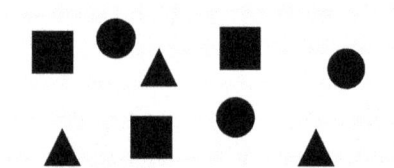

Gesetz der Gleichheit:
Gleiche Form, gleiche Größe, gleiche Farbe werden als Einheit empfunden.

Gesetz der durchgehenden Linie:
Linien werden als durchgehend wahrgenommen, nicht als abgeknickt.

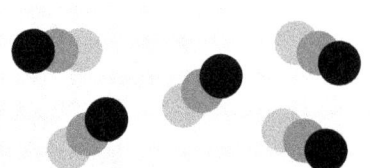

Gesetz der Bewegung:
Elemente gleicher Bewegungsrichtung werden als zusammengehörig empfunden.

Gesetz der Verbundenheit:
Verbundene Elemente werden als Einheit wahrgenommen.

Gesetz der gemeinsamen Region:
Alles in der gleichen Region wird als zusammengehörig empfunden.

Gesetz der Figur-Grund-Beziehung:
Der Vordergrund wirkt dominant, während der Hintergrund zurücktritt.

Gesetz der Prägnanz:

Bieten sich verschiedene Deutungs-
alternativen, wird das einfachste, das
geordneteste Bild bevorzugt.

Gesetz der Erfahrung:

Wenn man eine Form kennt, kann
diese auch unvollständig sein und
wird trotzdem (aus der Erfahrung
heraus) erkannt.

Gesetz der Innenseite:

Eine Kontur bestimmt die Figur. Um-
schließt die Kontur eine Figur nicht
vollständig, wird die Innenseite der
Kontur als Figur wahrgenommen.

Gesetz der Symmetrie:

Elemente, die einander symmetrisch
zugeordnet sind, nehmen wir eher
wahr, als Elemente, die ohne Struktur
im Raum vorhanden sind.

Form follows function:

Die Form soll so gewählt werden,
dass sie alleine schon auf den
Inhalt schließen lässt.

Hick'sches Gesetz:

Je mehr Optionen möglich sind,
umso mehr Zeit für eine Entscheidung wird nötig. Deshalb layoute
KISS: Keep It Simple and Stupid!

*An dieser Stelle eine wichtige Anmerkung: Eine
Visualisierung wie hier, um die wichtigsten
Gestaltgesetze zu erklären, mit geraden Linien
und sauber gesetzter Schrift, ist nicht prinzipiell
schlechter oder besser als das Handskizzierte
auf den vorherigen Seiten.*

Weniger ist mehr:

Kann man nicht oft genug
wiederholen. Machen Sie es so
einfach wie möglich – aber auch
nicht zu einfach. Denn manche
Erklärungen brauchen „Tiefgang".

Gesetz der Summe der Teile:

Alles hängt zusammen, wird
holistisch wahrgenommen. Die
Wirkung wird bestimmt durch die
Summe der Teile.

Zusammenfassung Visualisierung

■ Visualisierung – Der Schlüssel zum Verständnis

Ein Bild sagt mehr als 1000 Worte, bewegte Bilder oft noch mehr.

Sie möchten einen Schrank zusammenbauen. Stellen Sie sich vor, Sie hätten die Wahl zwischen einer als Monolog vorgetragen Aufbauanleitung und einer Anleitung mit klaren, aussagekräftigen Abbildungen? Leider haben Sie diese Entscheidung in Online-Treffen selten. Viel wird geredet. Und Powerpoint-Folien vorgelesen zu bekommen, bringt wenig Mehrwert. Würzen Sie Wichtiges durch aussagekräftige Fotos, Skizzen, Symbole, Grafiken, Videos und Animationen. Selbst ein einziges geschriebenes Wort kann Ihre Botschaft verstärken! Visualisierungen helfen dabei, sich „trockene" Zahlen, Daten, Fakten besser zu merken – die mag unser Gehirn nämlich am liebsten visuell verpackt! Visualisierungen regen darüber hinaus zum Querdenken an.

Level 1

- ❏ Immer Stifte und Papier zur Hand haben
- ❏ Digitale oder analoge Visualisierungen mit den Teilnehmenden teilen
- ❏ Vertraute Visualisierungs-Tools nutzen
- ❏ Weniger ist mehr: Dokumente und Abbildungen „aufräumen" – weniger Elemente erhöhen das Verständnis
- ❏ Qualitätsmerkmal: Lesbarkeit und Erkennbarkeit
- ❏ Auf Farbkontraste achten
- ❏ Objekte zeigen, gehört auch zur Visualisierung
- ❏ Nie vergessen: Auch Schrift ist Visualisierung
- ❏ Schlüsselbilder gezielt als „Würze" einsetzen
- ❏ Vermeiden Sie den "Death by Power Point"

Level 2

❏ Wichtige Aussagen durch Visualisierung verdeutlichen

❏ Komplexe Sachverhalte erfordern sogar Visualisierung

❏ Wichtiges und eventuell unbekannte Begriffe als Text einblenden
oder in den Chat schreiben

❏ Symbolik und Farben als Ordnungselemente nutzen

❏ Vereinheitlichen von Schriften und Farben

❏ Lesbarkeit der eigenen Handschrift verbessern

❏ Auch Bildergeschichten, Animationen und (Erklär-)Videos einbeziehen

❏ Animieren Sie die Teilnehmenden ebenfalls zur Visualisierung

Level 3

❏ Simultanes handschriftliches Visualisieren üben

❏ Visualisierungen live entstehen lassen

❏ Sich mit Wahrnehmungspsychologie und den
Gestaltgesetzen beschäftigen und diese nutzen

❏ Gezieltes Timing und Animationen für noch mehr Ausdruck

❏ Sich fit machen im Umgang mit digitalen Zeichenprogrammen
und Whiteboards

❏ Visuelles Storytelling nutzen

intensive Interaktion

■ Beziehungen fördern Motivation und Handeln

Gute Kommunikation ist Begegnung, ist Interaktion.

Im Umkehrschluss heißt das: **Keine Interaktion, keine Begegnung, keine gute Kommunikation.**

Die folgende Visualisierung macht das deutlich. Wer rein auf der Faktenebene, rein mit Hirn kommuniziert, tut sich schwer: schwer Emotionen zu wecken, schwer Vertrauen zu gewinnen, schwer Beziehungen aufzubauen.

Gute Kommunikation ist multisensorisch

Wir nutzen in der direkten, persönlichen Kommunikation alle unsere Sinne: Wir sehen unsere Teilnehmer (Sehsinn) – wenn wir uns bewegen, sogar rundum aus unterschiedlichen Perspektiven; wir haben uns wahrscheinlich die Hände geschüttelt (Tastsinn); wir nehmen Stimmen unverzerrt durch die Technik wahr (Hörsinn); wir nehmen den Geruch wahr, den des Raumes und den der Teilnehmer (Riechsinn); bei eventuellen gemeinsamen Essenspausen haben wir Geschmackserlebnisse (Geschmackssinn); und je mehr wir uns bewegen, umso aktiver ist unser Körper gefordert (Gleichgewichtsinn).

Intensive Interaktion in der eKommunikation bedeutet, multisensorische Erfahrungen trotzdem möglich zu machen. Leider verzichten viele in der eKommunikation auf Interaktion. So haben die Teilnehmenden kaum die Möglichkeit, SINNvolles zu erleben. Die Kommunikation bleibt verkopft.

Ähnlich wie beim Eisberg der größte Teil unter der Wasseroberfläche verborgen ist, ist auch der Einfluss des unbewussten Teils unserer Kommunikation sehr groß. Unsere Teilnehmer spüren diesen unbewussten Anteil und reagieren entsprechend darauf. Auf unsere Körpersprache, auf unsere Stimme, auf kleine unbewusste Regungen. Diese unbewussten, emotionalen Reaktionen (1.) sind dafür verantwortlich, ob wir jemanden in einem Bruchteil einer Sekunde sympathisch finden oder nicht. Erst dann bekommt unser Hirn eine Chance (2.). Und am besten sagen dann Herz und Hirn „Ok. Ich vertraue Dir." und strecken die Hand aus (3.). Übrigens hat auch hier wieder unsere Amygdala, der beinharte Herr Mandelkern etwas zu entscheiden.

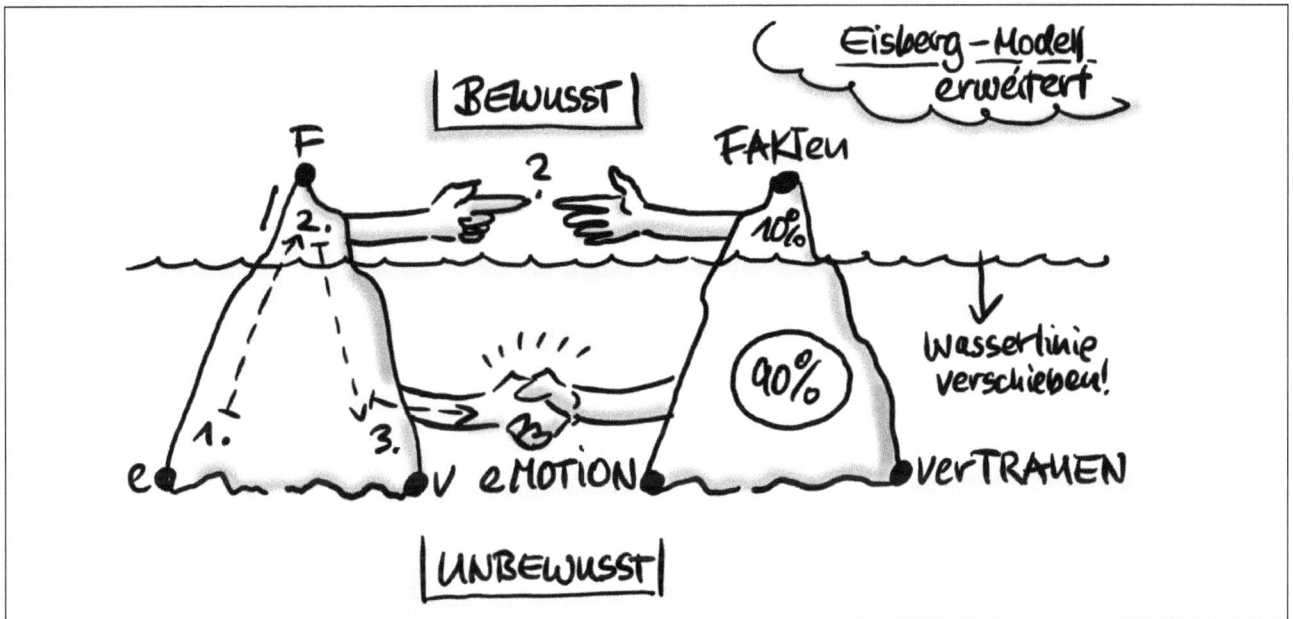

Fazit: Wir können unsere Kommunikation weitaus weniger bewusst steuern, als wir es uns vielleicht wünschen. Sie werden besser, strategischer kommunizieren, wenn es Ihnen gelingt, die „Wasserlinie" um Ihren Eisberg herum abzusenken. Dann wird Ihnen bewusster, was vorher im Verborgenen lag. Sie verstehen besser, was unter der Wasseroberfläche brodelt und menschelt. Empathie, eMotion, Fühlen wird ein wichtiger Faktor Ihrer Kommunikation werden, der das inhaltlich Faktische verstärkt! Sie werden Ihre Zielgruppe besser erreichen und bewegen.

Eisberg im Quadrat

Dieses Modell wird das „Vier-Ohren-Modell" genannt, weil wir Botschaften immer auf vier verschiedene Arten verstehen können, wie das Beispiel zeigt.

Wenn Sie sich schon eingehender mit Kommunikation beschäftigt haben, kennen Sie sicherlich das Kommunikationsquadrat von Schulz von Thun. Das Modell beschreibt, dass Botschaften vier Aspekte beinhalten können: Sachinhalt, Selbstoffenbarung, Beziehung und Appell. Diese vier Aspekte oder Ebenen sind ein häufiger Grund von Missverständnissen. Schulz von Thun macht es am folgenden Beispiel deutlich: Mann und Frau sitzen beim Abendessen. Es gibt ein Gericht mit Kapern zum Essen und es kommt zu folgender Unterhaltung zwischen Frau und Mann:

Achten Sie im nächsten Gespräch einmal auf die möglichen Deutungsunterschiede. Sie werden überrascht sein, wo überall das Missverständnis lauert.

Der Mann sagt: „Da ist etwas Grünes." Auf der Sachebene bedeutet es nichts anderes als „Da ist etwas Grünes." Unter dem Aspekt der Selbstoffenbarung drückt er aus: „Ich weiß nicht, was es ist." Auf der Beziehungsebene: „Du wirst es wissen." Auf der Apellebene: „Sag mir, was es ist!"

Die Frau (miss)versteht den Mann auf den verschiedenen Ebenen folgendermaßen: Auf der Sachebene hört sie: „Da ist etwas Grünes." Sie hört auf der Selbstoffenbarungsebene: „Mir schmeckt das Essen nicht." Auf der Beziehungsebene: „Du bist eine miserable Köchin!" Auf der Appellebene: „Lass das nächste Mal das Grüne weg!"

Deshalb antwortet Sie gereizt: „Mein Gott, wenn es dir hier nicht schmeckt, kannst du ja woanders essen gehen!"

Eindeutige, klare Kommunikation – online noch wichtiger

Was heißt das nun bezogen auf die eKommunikation? Im Gegensatz zur üblichen Präsenz Kommunikation nehmen wir, wie schon mehrfach gesagt, weniger Eindrücke von unserem Gegenüber wahr. Wenn wir uns nicht um Interaktion bemühen, hat eKommunikation im Vergleich zur normalen Präsenz Kommunikation viele Einschränkungen.

Die Lösung: Wir müssen bewusst mehr eMOTION und Bewegung in den virtuellen Raum bringen. Dann weitet sich der Blick und SINNvolle, sinnliche Erfahrungen werden möglich. Denn Menschen sind durch Ihre Vorstellungskraft in der Lage auch in der virtuellen Welt spannende, sinnliche Erfahrungen zu machen. Sinnlich heißt, wir verbinden uns mit der Welt und sind ganz bei der Sache!

Wir müssen deshalb Botschaften eindeutiger, bildhafter, sinnlicher formulieren, um Missverständnisse zu minimieren: *„Mir schmeckt es. Wie heißen denn die grünen Beeren mit dem leicht säuerlichen Geschmack?"*

Formulieren Sie besonders deutlich, was auf der Beziehungs- und Selbstoffenbarungsebene leicht missverstanden werden kann.

Ein konkretes Beispiel in einem eWorkshop letztens: Ein Teilnehmer ist überhaupt noch nicht fit mit den Tools. Man spürt seine Überforderung und gleichzeitig merkt man als Workshopleiter seine eigene, zunehmende Ungeduld. *„Alle anderen haben meine Erklärung ja auch verstanden".* Gemäß der Selbstoffenbarungsebene sagen Sie nun einfach: *Ich habe das Gefühl, dass Sie, Herr X, gerade mit der Technik zu kämpfen haben. Ich weiß, das ist jetzt stressig in einem eWorkshop – auch für mich. Wenn ich Ihnen nun helfe, dann langweilen sich die anderen. Mein Vorschlag: Sie machen kurz eine Pause bei dieser Übung. Im nächsten Breakout in 10 Minuten helfe ich Ihnen individuell und Sie sind bei der nächsten Übung wieder dabei. Ist das ok?* Der Teilnehmer war einverstanden und wir konnten das Problem gut lösen. Ein positiver Nebeneffekt: Es wurde fast automatisch zur Regel, dass individuelle Probleme erkannt und zurückgestellt wurden. Die Teilnehmenden verließen sich darauf, dass es genügend Zeit für individuelle Problemlösung gibt und warteten mit ihrem Problem geduldig auf die nächste Breakout-Session.

Noch ein Beispiel aus diesem eWorkshop: Wir verwendeten neben der Software ZOOM für die virtuelle Kommunikation eine Lernplattform, auf der es möglich war, Dokumente hochzuladen, Beiträge zu schreiben und Feedback zu geben. Einige Teilnehmer vergaßen immer wieder, den Speicherbutton zu clicken – ihre Arbeit ging verloren. Durch die Remote-Funktion, die Steuerung des Teilnehmerrechners durch den Moderator, konnte das Problem schnell geklärt werden.

■ Virtuell einen guten Job machen

Formen des virtuellen Austauschs

Erinnern Sie sich an die Aussage in der Einleitung „Virtuelle Treffen sind kein Selbstzweck"? Genauso ist es mit der virtuellen intensiven Interaktion. Sie hat den Zweck, Herausforderungen der „normalen Welt", der „normalen Begegnungen" ebenfalls im virtuellen Raum gut lösen zu können. Je intensiver Sie Ihre Interaktion gestalten können, umso besser wird es Ihnen gelingen, einen guten Job im virtuellen Raum zu machen. Also egal, ob Sie Mitarbeiter führen, Teams leiten, Projekte planen, Ideen entwickeln, Wissen vermitteln, Entscheidungen treffen, Feedback geben, egal, ob Sie motivieren, präsentieren, trainieren, coachen, beraten, kollaborieren, kooperieren, zusammenarbeiten, ermutigen – Sie werden von den Beispielen auf den nächsten Seiten profitieren.

Wir nutzen in der Präsenzsituation alle unsere Sinne. Das macht SINNliche, SINNvolle Erfahrungen möglich. Und das sollte auch unser Ziel im virtuellen Raum sein. Nur, das muss auf anderen Wegen geschehen! Zum Beispiel, indem wir verschiedene Kommunikationsformen gezielt nutzen.

Synchrone Kommunikation:

A und B kommunizieren zur gleichen Zeit miteinander, z. B. mündlich im persönlichen Gespräch, beim Telefonieren oder schriftlich im Chat. In der synchronen Kommunikation wird der Informationsstand oder die Haltung des Gesprächspartners schneller deutlich. Auch ob die Chemie stimmt, ist in der synchronen Kommunikation leichter zu erkennen. Man kann bei einem gutem Vertrauensverhältnis auch schneller Entscheidungen voranbringen oder wichtige Informationen bekommen, ohne lange auf eine Antwort warten zu müssen und damit blockiert zu sein. Ebenso ist in einer Notsituation oder unter Termindruck synchrones Kommunizieren angesagt. Man hat aber synchron wenig Zeit zum Nachdenken und ist oft persönlich verletzlicher.

Asynchrone Kommunikation:

A sendet B eine Botschaft. B kann die Nachricht später anschauen und darauf reagieren, wie bei einem Brief, einer Video- oder Audiobotschaft, einem Fax, einem Skript oder einer E-Mail. Grundsätzlich ist asynchrone schriftliche oder aufgezeichnete Kommunikation verbindlicher: Verträge, Gesprächsnotizen, Protokolle – dies erledigt man in der Regel schriftlich und asynchron. Übrigens geht Lesen und Tippen von Nachrichten schneller als Hören und Sprechen. Dies gilt natürlich nur für Menschen, die sehr schnell tippen können. Asynchrone Kommunikation ist auch bei komplexen Sachverhalten synchroner Kommunikation überlegen. Der Sender der Botschaft hat mehr Zeit, den Inhalt zu schärfen und zu strukturieren. Er kann den Inhalt durch Visualisieren begreifbar machen. Auch der Empfänger der Botschaft kann sich mehr Zeit nehmen, eventuell weitere Informationen einholen und er wird bei einem „Nichtverstehen" nicht bloß gestellt. Gerade im eLearning oder in der Vorbereitung zu einem virtuellen Treffen erhöhen wir die Effizienz durch asynchrone Kommunikation beträchtlich.

Variable Kommunikation:

Viele moderne Kommunikationstools können sowohl synchron als auch asynchron genutzt werden. Wir können bei Messenger-Diensten wie z. B. Whatsapp sofort antworten oder später, wenn wir gerade keine Zeit oder keinen Empfang haben. Ein Problem bei der Messenger-Kommunikation ist die Mischung von synchroner und asynchroner Kommunikation. Schnell geht die Übersicht verloren – gerade durch die chronologische Darstellung des Botschaftenstroms aus Texten, Bildern, Videos und Audionachrichten. Fragen „überholen" Antworten, Missverständnisse entstehen. Die Frage, wer hat wann auf wen zu welchem Beitrag geantwortet, ist nicht mehr gut nachzuvollziehen. Sie kennen es sicher, dass in einem kurzen Zeitraum plötzlich 50 Posts auflaufen, sich dabei Wichtiges mit Nebensächlichem, sachliche Informationen mit reiner Meinungsäußerung und vielleicht sogar Privatem mischen. Strukturieren und redaktionelles

Überarbeiten ist deshalb besonders wichtig. Oder wie es schon immer gilt: Im Wort Qualität steckt die Qual – die quälende Aufgabe für den Botschaftengeber, es dem Empfänger leicht zu machen. Das gilt nicht nur für Texte, sondern genauso für Video- und Audioinhalte. Aus viel Ausgangsmaterial wird durch Weglassen des Verzichtbaren das Wesentliche deutlich.

Ebenfalls können wir in virtuellen Treffen synchrone und asynchrone Elemente gezielt einsetzen. Wir können Fragen im Chat sammeln, um sie erst wenn es passt zu beantworten. Wir können eine Umfrage starten, deren Ergebnis erst zu einem späteren Zeitpunkt aufgegriffen wird. Wir können bewusst Mikrofon und Kamera ausschalten, um uns auf die asynchrone Kommunikation zu fokussieren. Für welche Form wir uns entscheiden, hängt von den Vorlieben der Beteiligten und unserem Konzept ab. Manche Menschen sind froh, nicht synchron kommunizieren zu müssen, andere schätzen gerade die Direktheit der synchronen Kommunikation. Asynchroner Smalltalk ist schwierig. Auf komplexe Fragen unvorbereitet und direkt synchron eine Antwort geben auch. Wir sollten sowohl persönlichen Vorlieben als auch der Situation gerecht werden.

Asynchrone Phasen haben noch einen Vorteil: Sowohl Moderierende als auch Teilnehmende können einmal durchatmen.

Wichtig bei allen Kommunikationsformen: Klare Absprachen und Aufmerksamkeitsmanagement

Achten Sie besonders in der Remote-Zusammenarbeit, der Zusammenarbeit über Zeitzonen und Distanzen hinweg, auf klare Zeitabsprachen. Wie schnell wird jemand aus dem Schlaf oder seiner Erholungszeit gerissen oder bei einer wichtigen Arbeit gestört – gerade, wenn wir synchron kommunizieren.

Deshalb: Machen Sie deutlich, wie dringend und wichtig eine Botschaft und die Reaktion darauf ist. Manches kann warten und verdient sogar mehr Zeit!

Die Zerstückelung unserer Konzentrationszeiten durch Kommunikation stresst und nervt.

Laut aktuellen Studien wird Arbeit heute im Tagesablauf durchschnittlich alle vier Minuten durch Kommunikation unterbrochen. Und das liegt nicht nur an den Sendern der eingehenden Botschaften. Die Möglichkeit, jederzeit über das Neueste informiert zu sein, war in früheren Zeiten ein wichtiger Überlebensvorteil. Bei den heutigen Kommunikationsmöglichkeiten wird dieses schnell zum Problem und manchmal sogar zur Sucht. Wenn der Griff zum Smartphone erst einmal automatisiert ist und jedes „Bing" einer Nachricht zu einer Aktion führt, wird es Zeit zum Gegensteuern. Denn gute Kommunikation hat viel mit ungeteilter Aufmerksamkeit zu tun. Gutes Aufmerksamkeitsmanagement ist wichtig für intensive Interaktion – es ist eine Herausforderung für den Moderator und für die Teilnehmenden! Denn unser Gehirn ist eigentlich nicht auf Multitasking ausgelegt. Multitasking reduziert die Verarbeitungsgeschwindigkeit von Informationen und beeinflusst dadurch die Qualität unserer Kommunikation – und vor allem der Qualität des Ergebnisses. Entwickeln Sie deshalb ein Gespür dafür, ob die Teilnehmenden im virtuellen Raum wirklich konzentriert anwesend sind!

Gewinnen Sie die Fähigkeit, die Teilnehmenden durch das passende Maß an Interaktion zu fesseln und zu motivieren. Werden Sie zum Katalysator für Interaktion – mit den folgenden praktischen Methoden und Impulsen.

■ Methoden und Impulse für Interaktion

Eine Ideensammlung von der Einladung bis zum guten Schluss

Im Folgenden beschreiben wir praxisnah den Ablauf verschiedener virtueller Treffen. Diese Struktur hilft Ihnen genauso bei der Durchführung einer fünfminütigen Abstimmung wie bei der Planung eines mehrtägigen virtuellen Seminars.

Die neun Phasen im Einzelnen

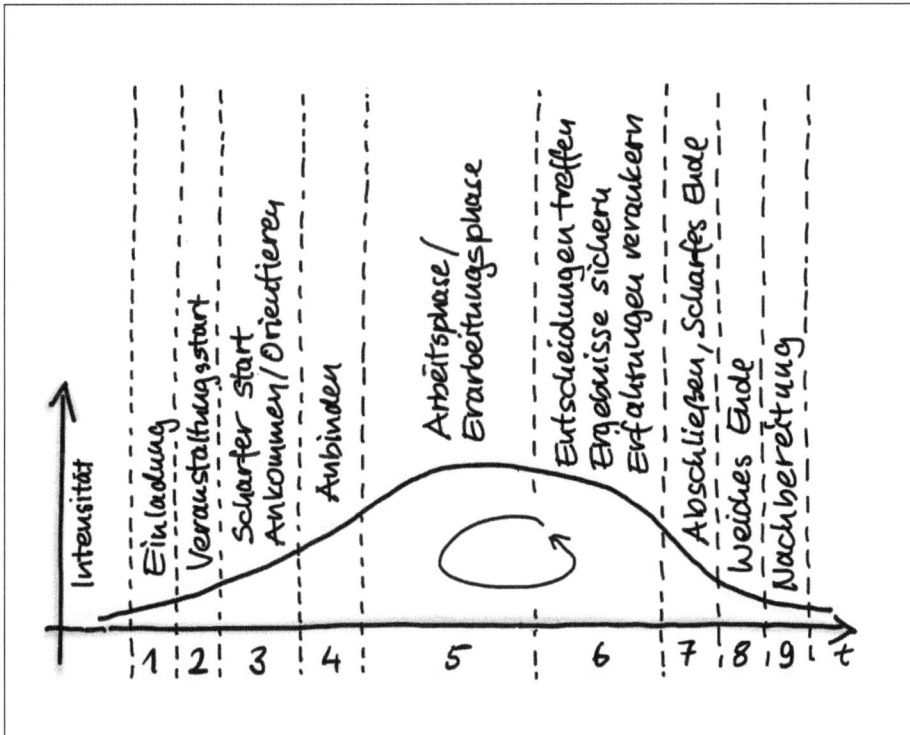

Nebenstehende Grafik gibt Ihnen einen Überblick über die Phasen einer gelungenen Veranstaltung. Übrigens haben diese Phasen genauso für Präsenzveranstaltungen Bedeutung. Nur die gewählten Methoden sind teilweise andere.

Phase 1: Einladen

Schon die Einladung entscheidet darüber, ob die Teilnehmenden Lust auf Interaktion bekommen. Wenn Sie nur den vorgefertigten allgemeingefassten Text Ihres Meeting-Tools per E-Mail verschicken, vergeben Sie Chancen. Sie wollen ja zu einer schönen Veranstaltung einladen! Also denken Sie an das Kapitel *Konzept* und Ihre Rolle als Gastgeber! Nennen Sie mehr als nur nüchtern Datum, Uhrzeit und Adresse. Ein ansprechendes Bild, ein gut formulierter Veranstaltungstitel, ein Motto hilft den Teilnehmenden, sich einzustimmen und sich willkommen und wohl zu fühlen. Lassen Sie die Teilnehmenden von Anfang an Wertschätzung erleben. Geben Sie allen die Chance, sich vorzubereiten. Das macht das Treffen effektiver.

- Professionelle Treffen haben ein Ziel und eine Agenda – und Regeln und Gebote, wie wir im Treffen miteinander kommunizieren. Das betrifft vor allem die Benutzung von Kamera, Mikro und Chat sowie den Reaktionsfunktionen. Das heißt konkret: Wann wird die Kamera und das Mikro an- und ausgeschaltet, wozu nutze ich den Chat? Formulieren Sie diese ansprechend, motivierend! Vielleicht erinnern Sie sich an das Zitat: „Sprache ist die Kleidung unserer Gedanken". Ihre Veranstaltung hat Attraktivität verdient.

- Wichtig: Formulieren Sie, wie lange Sie den Zutritt zum Treffen möglich machen. Bei einem intensiven Austausch ist es meist sehr störend, wenn Sie während der Moderation Zuspätkommer „bedienen" müssen – vor allem, wenn Sie alleine sind. Schließen Sie zu einem klar definierten Zeitpunkt „die Tür" zum Meeting.

- Ein Bild, eine Grafik, egal ob konkret oder metaphorisch, macht die Einladung *merk*würdig.

- Geben Sie vorab Informationen zu Inhalt und Ablauf des Meetings sowie Impulse und Links zum Thema. Denken Sie aber daran: Es zählt nur, was wirklich gelesen und getan wird. Überfrachtung überfordert!

- Würzen Sie die Einladung mit einer kleine Aufgabe, einer Reflektion oder einigen Fragen. Sie inspirieren dadurch mit einem psychologischen Prinzip: Wer schon einmal etwas getan hat, bleibt aktiver.

- Geben Sie Hilfestellungen zum sicheren Umgang mit den verwendeten Tools. Es ist für Teilnehmende nicht schön, etwas nicht zu können und damit die Gruppe aufzuhalten. Teilen Sie Links von Anleitungen und Tutorials und Sie sparen Zeit mit Erklärungen.

- Betonen Sie von Anfang an, dass das Equipment funktionieren muss. Besonders schlechter Ton durch ein schlechtes Mikro ist für alle ein störendes Ärgernis.

Phase 2: Veranstaltungsstart

Wie in einem Präsenztreffen kommen die Teilnehmenden auch nicht auf den letzten Drücker. Nutzen Sie, wenn vom Tool unterstützt, den sogenannten Warteraum. Sobald die Teilnehmenden sich einwählen, landen sie zunächst dort im Warteraum. Hier können sich die Teilnehmenden weder hören noch sehen. Nur Sie als Moderator oder der Co-Moderator kann die Teilnehmenden individuell abholen und in den Meetingraum eintreten lassen. Begrüßen Sie kurz den Teilnehmenden und klären Sie im Dialog eventuelle Fragen. Machen Sie einen kurzen Technikcheck und verbessern sofort sehr ungünstige Aufnahmesituationen der Teilnehmenden. Dann können Sie die Teilnehmenden wieder in den Warteraum zurückschicken und zum offiziellen Start alle gemeinsam ins Meeting schalten. Dieses Warteraummanagement ist natürlich nur bei Gruppen bis ungefähr 20 Personen bei einem Moderator machbar und sinnvoll.

- Formulieren Sie den Text informativ, den die Teilnehmenden im Warteraum sehen. Integrieren Sie Ihr Logo oder ein passendes Bild.

- Wenn die Gruppe nicht zu groß ist, führen Sie eine Teilnehmerliste. Haken Sie ab, wer dabei ist. Sie verlieren sonst schnell den Überblick.

- Sorgen Sie für einen Technikcheck von Kamera und Mikro. Sie vermeiden den Satz „Können Sie mich hören?", wenn das Seminar beginnt. Überprüfen Sie, ob die Teilnehmenden wissen, wie sie ihre Kamera und ihr Mikrofon ein- und ausschalten.

- Sie können Teilnehmende schon zu Beginn des Treffens in kleinen Gruppen oder zu zweit in Breakout-Räume verschieben. Das bietet sofort Möglichkeiten zur Interaktion: zum smalltalkenden Kennenlernen oder zur Vorbereitung einer Vorstellungsrunde, in der jeder einen anderen vorstellt. Oder Sie delegieren die Technikeinführung, indem Sie erfahrene Nutzer gezielt mit Anfängern in einen Raum „verschieben".

- Darüber hinaus: Optimieren Sie die Aufnahmesituation der Teilnehmenden durch gezielte Tipps. Es ist sehr anstrengend für alle, wenn ein Teilnehmer im Gegenlicht oder Dunkeln sitzt oder nicht zu verstehen ist.

Phase 3: „Scharfer Start", Ankommen bzw. Orientieren

Durch die Vorbereitung haben Sie es gemacht wie bei der Tour de France: Das Rennen beginnt erst mit einem scharfen Start. Die Phase davor garantiert, dass jeder Teilnehmende auf einem funktionierenden Rad fährt und die gleichen Chancen hat. Das ist eine Grundvoraussetzung für einen guten Beginn und gemeinsame Interaktion.

Vielleicht kennen Sie das: Ein Teilnehmender hat technische Probleme mit der Verbindung und ruft immer wieder auf der Notfallnummer an – wer bekommt nun die Aufmerksamkeit? Die Gruppe oder der Einzelne?

- Begrüßen Sie die Teilnehmenden. Nennen Sie deutlich Ihren Namen, Ihre Rolle und Ihre Aufgabe. Sorgen Sie dafür, dass jeder Teilnehmende mit seinem Namen zu sehen ist. Als Moderator können Sie Hilfestellung beim Umbenennen geben. Klären Sie, ob der Austausch mit der Ansprache „Sie" oder „Du" erfolgen soll und regeln Sie bei internationalen Treffen die Konversationssprache.

- Gehen Sie kurz auf die Agenda, die Ziele und die Regeln ein. Je mehr die Teilnehmenden durch die Einladung schon gebrieft sind, umso schneller gelingt das.

- Klären Sie, wie, wo und wann Fragen gestellt und eventuelle Probleme gelöst werden können – Besonders wozu der Chat und die Notfalltelefonnummer genutzt werden sollten, muss jedem Teilnehmenden klar sein.

- Bei einer Teilnehmerzahl bis ca. 30 Personen haben wir die Erfahrung gemacht, dass es beim scharfen Start das Gruppengefühl fördert, wenn jeder seine Kamera eingeschaltet hat. Anonymität und intensive Interaktion passen nicht zusammen. Das Mikro eines Teilnehmers wird nur dann angeschaltet, wenn der Teilnehmende etwas sagt – das verbessert die Tonqualität, da Nebengeräusche eliminiert werden. Eine grundsätzlich sinnvolle Regel, mit Ausnahmen natürlich: Wer persönlich etwas beizutragen hat, zeigt sein Gesicht bzw. aktiviert die Kamera.

Phase 4: Anbinden

Diese wichtige Phase verstärkt das, was wir schon bei der Einladung empfehlen – zur Aktivität ermuntern. Wie gerade schon erwähnt: Wer am Anfang unbeteiligt ist, bleibt es meist über den gesamten Verlauf einer Veranstaltung. Sorgen Sie deshalb dafür, dass jeder Teilnehmende einen kleinen Beitrag leistet. Gut dafür eignet sich eine Vorstellungsrunde, die aber nicht langweilig werden darf. Ebenfalls hilfreich ist der Start mit einer Abfrage oder einem kleinen Quiz. Je mehr der Teilnehmende nicht nur gedanklich, sondern auch körperlich und emotional bewegt wird, umso besser. Denken Sie dabei wieder an FAKTen, eMOTION und verTRAUEN. Die Anbindungsphase sollte auch dazu genutzt werden, um zu überprüfen, ob alle Teilnehmenden fit mit den Tools und Funktionen sind. Finden Sie nicht auch: Langatmige Vorstellungsrunden sind Stimmungskiller. Je mehr Teilnehmende, umso schlimmer. Ihre Aufgabe als Moderator ist es, die Vorstellungsrunde straff und trotzdem lebendig zu halten.

- Jeder stellt sich mit einem Satz im Chat oder in einem Umfrage-Tool schriftlich vor.

- Jeder wählt einen Gegenstand aus seinem Umfeld, der etwas mit seinen Wünschen in diesem Treffen zu tun hat und hält diesen bei seiner Vorstellung in die Kamera. So wird die Kernaussage merkfähig visualisiert. Dazu nennt der Teilnehmende seinen Namen sowie seine Rolle und Funktion. Statt einem Gegenstand funktioniert auch ein Zettel mit einem Stichwort – oder jeder macht stattdessen eine aussagekräftige Bewegung. Werden Sie kreativ!

- Sie können auch bewusst auf die Videoansicht in der Vorstellungsrunde verzichten. So bekommt das konzentrierte Zuhören mehr Gewicht. Lassen Sie z. B. die Teilnehmenden ein passendes Zitat aussuchen und vortragen –mit der Aufgabe dieses Zitat mit der eigenen Rolle in Beziehung zu setzen.

- Gut zur Anbindung eignen sich Abfragen. Dafür gibt es spezielle Abstimmungstools wie Voxr oder Mentimeter. Dort können Umfragen unkompliziert angelegt und anonym viele Aspekte abgefragt werden. Die Ergebnisse werden datensicher und live für alle Teilnehmenden sichtbar visualisiert. Die Darstellungsformen der Auswertungen reichen von Wortwolken über Balkendiagramme bis hin zu Spinnengrafiken. Gerade bei großen Gruppen erfasst man dadurch Aussagen weitaus schneller und intuitiver als durch reines Lesen oder Zuhören.

- Auch ein gemeinsames Whiteboard kann gut zur Anbindung genutzt werden. Z. B. für ein Brainstorming mit Text und Skizzen.

- Nutzen Sie Gruppenräume, die Breakout-Rooms. Denn wenn Sie große Gruppen in kleine Gruppen aufteilen, entsteht mehr persönliche Kommunikation und somit Interaktion.

- Zum Anlegen der Gruppenräume: Sie geben einfach die gewünschte Zahl an Gruppenräumen an, die Verteilung übernimmt das Tool automatisch. Doch oft ist es sinnvoll, die Teilnehmenden gezielt bestimmten Gruppen manuell zuzuordnen. So harmonieren Gruppen für bestimmte Aufgaben besser.

Überlegen Sie: Was verbinden Sie mit dem Begriff Arbeit? Anstrengung, Pflicht, Kämpfen und Beißen?

Was dagegen verbinden Sie mit der Vorstellung eines fordernden, harten Sporttrainings? Auspowern, Ausgleich, Sich-etwas-Gutes -tun, Über-Sich-Hinauswachsen, die Eigene-Kraft-spüren?

Bringen Sie doch ein wenig „Lustvolles Trainingsquälen" in Ihre Arbeitsphase.

Phase 5: Die Arbeits- bzw. Erarbeitungsphase

Je höher die gemeinsame Konzentration auf „die Sache", umso fruchtbarer ist die Zusammenarbeit. Während in Präsenzveranstaltungen der Mensch und die Gruppe immer bewusst oder unbewusst wahrgenommen wird, fehlt uns in der virtuellen Arbeitssituation diese „rundum" Raumwahrnehmung. Dieser Nachteil birgt in sich aber zugleich einen Vorteil: mehr Fokussierung, weniger Ablenkung – vorausgesetzt, das gerade angesagte Thema ist spannend. Seien wir realistisch: Wie oft sind Teilnehmende in Präsenzveranstaltungen von der Raumwahrnehmung abgelenkt und daher nicht ganz bei der Sache?

In virtuellen Veranstaltungen ist es wichtig, den Aufmerksamkeitsfokus der Teilnehmenden so zu steuern, dass aus verschiedenen Wahrnehmungselementen ein Gesamtbild entsteht. Ein Beispiel dafür: Sie richten den gemeinsamen Fokus zunächst durch „Bildschirm teilen" auf ein Dokument. Im virtuellen Raum ist dabei die Ablenkung durch die Gruppe gering. Danach lenken Sie den Fokus auf die Äußerungen der Teilnehmenden, auf den persönlichen Austausch. Dieser bewusste Fokuswechsel bedarf der klaren Führung durch den Moderator, aber auch der Selbstführung der Beteiligten. Ein gutes Konzept unterstützt diesen Fokus- bzw. Methodenwechsel.

Denken Sie in der Erarbeitungsphase auch an körperliche Bewegung und die immer wieder notwendige Erweiterung des Blickfeldes. Starr vor dem Bildschirm zu kleben fördert keinen wachen Geist. Positionswechsel und weitere Arbeitsplätze der Teilnehmenden unterstützen den Perspektivwechsel: Warum auch nicht zwischendurch die Beine auf dem Sofa hochlegen, um zuzuhören oder eine Aufgabe durchzudenken?

Die Grenzen unserer Wahrnehmung sind die Grenzen unseres Denkens!

Je komplexer bzw. umfangreicher das Thema ist, umso wichtiger wird eine funktionelle virtuelle Arbeitsumgebung, die über den Funktionsumfang reiner Meetingtools hinaus geht. Sie nutzen im Officebereich ja auch verschiedene Tools für verschiedene Anforderungen. Intensive Interaktion fordert häufig ein gemeinsames „Lager" für Dokumente,

Stichwort Serialität. Das Wiederholen und Wiederaufgreifen von Inhalten verstärkt den Lerneffekt und Nutzen. Steter Tropfen höhlt den Stein.

Erarbeitetes und Medien aller Art. Hilfreich dazu sind Planungstools, Whiteboards, Kalender und Abstimmungstools, um Entscheidungen voranzutreiben und zu treffen. Letztendlich sollten wir virtuell alles und vielleicht sogar noch mehr zur Verfügung haben, was wir in einer normalen Arbeitsumgebung für gute Arbeit auch brauchen. Tools, die Kollaboration und Interaktion unterstützen, sind im Bildungsbereich Lernplattformen wie Moodle, Canvas und Co., im Businesskontext beispielsweise Teams.

Es gibt eine Vielzahl von guten Tools und die Entwicklung in diesem Bereich ist rasant. Nutzen Sie das Internet, um mehr über mögliche Tools, Funktionen und Anwendungen zu erfahren.

Nun einige Impulse für mehr Interaktion in der Arbeitsphase:

- Nutzen Sie die Möglichkeit, mit verschiedenen Kameras bzw. Kameraeinstellungen unterschiedliche Arbeitsumgebungen zu zeigen, z. B. wie Sie etwas am „analogen" Flipchart notieren.

- Verwenden Sie Ihr Tablet, um mit dem elektronischen Stift mehr Kommunikationswirkung durch Handschriftliches und Handskizziertes zu erzielen. Beispielsweise, indem Sie das Feedback der Teilnehmenden in vorbereitete Powerpoint-Slides notieren.

- Arbeiten Sie gemeinsam in der Gruppe an digitalen Whiteboards oder Metaplanwänden. Es gibt Tools wie Miro, die unterschiedlichste Meetingvorlagen sowie frei gestaltbare Charts anbieten – vom Kanbanboard bis hin zur Abfragematrix. So gelingen übliche Moderationsmethoden auch virtuell.

- Wie in jeder oben bereits beschriebenen Phase: Nutzen Sie virtuelle Gruppenräume für Gruppenarbeit. Je größer die Gruppe, umso wichtiger. Wechseln Sie immer wieder Gruppengröße und Zusammensetzung der Teilnehmenden. Sie als Moderator können die Gruppenräume unterstützend besuchen – genauso, wie die

Bauen wir die Trainingsmetapher noch weiter aus: Training wirkt dann am besten, wenn Pausen gemacht werden und wenn mit Verstand trainiert wird.

Teilnehmenden jederzeit ins Plenum zurück kommen können, z. B. um Fragen zu stellen. Auch in diesem Zusammenhang sind Co-Moderatoren vorteilhaft, um die einzelnen Gruppen bei ihrer Arbeit zu begleiten. Ziel ist aber natürlich, dass die Aufgabe in den Gruppenräumen so gut erklärt ist, dass wenig Unterstützung bei der selbstständigen Gruppenarbeit notwendig ist.

- Machen Sie Pausen! Aktivpausen, Inspirationspausen und echte Pausen. Wir bauen üblicherweise alle 45 Minuten eine Pause ein – kürzere und auch längere. Gut konzipierte virtuelle Treffen sind intensiv, fordern von allen die volle Konzentration und werden daher schnell anstrengend. Die Erfahrung und Rückmeldung zeigt, dass die Teilnehmenden virtuell mehr gefordert sind, als bei Präsenztreffen.

- Es ist Ihre Aufgabe als Moderator, dafür zu sorgen, dass Sie Ihre Teilnehmenden weder unter- noch überfordern. In einer Aktivpause bringen Sie Ihre Teilnehmer körperlich in Bewegung – das hat immer eine gute Wirkung auf die mentale Leistungsfähigkeit. Alles, was als Schreibtischgymnastik geeignet ist, passt. Und nicht immer müssen Sie den Anleitungspart übernehmen: Motivieren Sie andere dazu, „Vorturner" zu werden. Zur Inspiration können Sie Links für entsprechende Youtube-Videos zur Verfügung stellen und Ihnen dann etwas Zeit zur Vorbereitung geben. Inspirationspausen weiten den Blick und fördern das Querdenken. Trauen Sie sich etwas: Auch meditative oder achtsamkeitsfördernde Übungen kommen gut an. Vergessen Sie aber nie ausreichend lange echte Pausen. Sensibilisieren Sie Ihre Teilnehmenden für frische Luft und Bewegung.

- Zeigen Sie statt einer langweilig ablaufenden digitalen Uhr einmal einen entsprechend langen Pausenfilm: Affen zuzusehen, wie sie sich im Schneetreiben im natürlichen Thermalbecken entspannen, steckt an. Ebenso wie gähnende Löwen. Noch besser, wenn Sie den Pausenfilm inhaltlich passend zum Thema wählen.

Besser als wenige lange, wirken mehrere kurze Pausen. Dies ist wissenschaftlich erwiesen. Schalten sie einen Moment von Ihrer Aufgabe ab oder richten Sie Ihre Aufmerksamkeit auf etwas ganz anderes. Noch wirksamer wird es, wenn Sie sich dabei bewegen. Das erhöht den Sauerstoffgehalt im Gehirn und damit Ihre Leistungsfähigkeit.

Tipp: Schauen Sie mal wieder auf der Homepage Ihrer Krankenkasse vorbei! Viele Krankenkassen haben Flyer herausgegeben zum Thema: Stressfrei durch den Arbeitstag oder ähnliches. Diese Übungen sind gute Inspirationsquellen für Ihr virtuelles Treffen.

- Ein Quiz kommt nicht nur in Fortbildungen und Workshops gut an. Sie erkennen damit in spielerischer Weise den Vorbereitungs- bzw. Wissensstand der Teilnehmenden. Lernpsychologisch ist ein Quiz oft einer formalen Wissensabfrage überlegen: Ein Quiz animiert häufig, eigenmotiviert nachzurecherchieren. Vertrauen Sie auf die Lust mehr wissen zu wollen!

- Gerade in virtuellen Workshops, Seminar- und Trainingssituationen sind Aufgaben eine willkommene Abwechslung. Lernplattformen bieten hier mehr Möglichkeiten als reine Tools für virtuelle Treffen. Die Teilnehmenden können die Aufgaben wahlweise per Multiple Choice, mit Text- und Bildbeiträgen oder auch multimedial per Audio und Video lösen.

- Gerade die Abfragetools, die schon in der Anbindungsphase gute Dienste leisten, sind in der Arbeitsphase sehr gut einsetzbar – besonders in Feedback-Phasen.

- Ermöglichen Sie sinnliche, sinnhafte Erfahrungen. Beispielsweise die bewusste Konzentration nur auf das Betrachten, Zuhören oder Fühlen. Stellen Sie z. B. die Aufgabe, mit geschlossenen Augen, den Inhalt eines Textes nur per Audiodatei zu erfassen und zu reflektieren. Oder umgekehrt: Schalten Sie bewusst den Ton aus, damit sich die Teilnehmenden ausschließlich auf ein ausgewähltes Video oder Bild konzentrieren.

- Menschen sind individuell. Manche mögen persönliche Interaktion. Manche sind froh, sich ganz alleine mit etwas beschäftigen zu können. Wechseln Sie also zwischen Plenum, Gruppen- und Einzelarbeit. Sie können Ihr virtuelles Treffen sogar so konzipieren, dass der einzelne Teilnehmende wählen kann, was am besten für ihn passt.

- Lebendiger Austausch heißt immer auch Improvisation. So können Sie durchaus vom geplanten Pfad abkommen und einen interessanten Seitenpfad erkunden. Verlieren Sie aber das große Ziel und den roten Faden dabei nicht aus den Augen.

Sie erinnern sich an die Einleitung: Kommunikation ist das Mittel, um Ziele zu erreichen. Die Feedbackphase ist deshalb unverzichtbar. In einem kurzen Meeting kann diese Phase auch nur aus ein bis zwei Sätzen bestehen!

- Punktuelle Zusammenfassungen, Feedbacks und Reflexionen helfen, Komplexes auf den Punkt zu bringen, Ergebnisse zu sichern und Wissen zu verankern. Damit sind wir auch schon an der Schnittstelle zur nächsten Phase.

Phase 6: Entscheidungen treffen, Ergebnisse sichern, Erfahrungen verankern

Erarbeiten heißt, verschiedene Aspekte eines Themas auszuleuchten und zu erkunden. Nach dem Öffnen müssen Sie den Sack aber auch wieder zumachen. Das ist unverzichtbar, damit der Schritt zum Tun gelingt.

- Nutzen Sie bewusst die Wirkung von offenen und geschlossenen Fragen. Geschlossene Fragen verengen, treiben Entscheidungen voran. Offene Fragen weiten.

- Fassen Sie das Erarbeitete vor einer Entscheidung nochmals kurz und prägnant zusammen – Visualisierung hilft Ihnen dabei. Formulieren Sie unmissverständlich.

- Halten Sie das Erarbeitete in einer To-Do-Liste oder einem Kanban-Board fest.

- Jeder Teilnehmende nennt – je nach Größe der Gruppe persönlich, sonst im Chat oder Abfragetool – seine drei wichtigsten Erkenntnisse aus der Erarbeitungsphase

- Der Schritt vom Wissen zum Tun gelingt am besten intrinsisch motiviert, eigenmotiviert! So kann die Frage: „Was konkret setzen Sie in den nächsten 24 Stunden um?", die Handlungsorientierung verstärken. Es ist so banal wie richtig: Jeder Weg beginnt mit dem ersten Schritt.

- Partnerschaften und Kleingruppen motivieren. Gemeinsam gelingt vieles leichter.

Mit dem Thema „Motivation" sind wir auch schon in der Abschlussphase.

Phase 7: Abschließen, scharfes Ende

In der Kunst, in der Musik, beim Roman kommt es auf einen guten Anfang und noch mehr auf einen guten Schluss an. Ein guter Anfang – damit man dabei bleibt, ein guter Schluss – damit man Lust auf mehr bekommt. Dabei ist es hilfreich, die Veranstaltung

Setzen Sie beim weichen Ende auch einen klaren Schlussakzent. Ein Sich-Rausschleichen verwässert die Wirkung.

von Anfang an im Hinblick auf das Veranstaltungsende hin zu planen. Die entscheidende Frage ist dabei: Was sollen die Teilnehmenden vor allem mitnehmen, was nutzt ihnen? Ein guter Schluss macht die Veranstaltung rund und bewegt zum Tun. Gerade bei Meetings ist es wichtig: Starten und beenden Sie eine Veranstaltung gemeinsam, wann immer möglich. Ein gutes Veranstaltungsende ist stimmungsvoll, sollte aber bei den meisten Anlässen nicht ins Pathetische abgleiten. Und gerade auch am Ende ist Humor erlaubt. Mark Twain brachte es so auf den Punkt: *„Eine gute Rede hat einen guten Anfang und ein gutes Ende - und beide sollten möglichst dicht beieinander liegen. Noch besser, wenn am Anfang und am Ende ein guter Witz erzählt wird."*

- Verzichten Sie niemals auf einen wirkungsvollen Schluss: Sonst ist es so, als wenn die letzten Seiten eines Romans fehlen.

- Fassen Sie die Essenz der Veranstaltung und die Ergebnisse nochmals kurz zusammen. Geben Sie jetzt schon den Hinweis, wo das Protokoll oder weiteres Material zu finden sein wird. Schreiben Sie das auch am besten gleich in den Chat, vor allem, wenn es Links sind.

- Vermeiden Sie Zeitdruck. Wenn Sie merken, dass zu einem guten Abschluss Zeit fehlt, sollten Sie besser schon die Erarbeitungsphase kürzen. In Hektik kommen und überziehen wirkt nicht professionell – vor allem, wenn es häufig passiert.

- Lassen Sie jeden Teilnehmenden noch einen kleinen Schlussbeitrag leisten. Es reicht oft ein Gedanke, ein Satz oder sogar ein einzelnes Wort. Bei größeren Gruppen nutzen Sie dafür ein Umfragetool oder den Chat.

- Zum Abschlussfeedback oder zur Evaluation eignet sich gut ein Umfragetool. Dieses anonyme Feedback wird so noch im Meeting für alle visualisiert.

- Haben Sie das letzte Wort, das letzte Bild – und seien Sie merk*würdig*. In der Kürze liegt die Würze.

- Geben Sie danach jedem Teilnehmenden noch die Chance, sich kurz durch Winken oder eine andere Geste und ein Tschüss zu verabschieden.

Phase 8: Weiches Ende

Bei längeren eWorkshops erleben wir häufig, dass einige Teilnehmende noch mit uns ins Gespräch kommen wollen. Es ist vergleichbar mit einem Präsenz-Workshop: Einige Teilnehmende warten, bis die Mehrheit gegangen ist, um noch einige Fragen los zu werden – und helfen uns dabei meist noch beim Zusammenräumen. Auch tauschen sich die Teilnehmenden gerne noch vor der Abfahrt informell untereinander aus.

- Wenn Sie sich für ein weiches Ende entscheiden, kündigen Sie diese Möglichkeit schon in der Agenda an.
- Sie können den Teilnehmenden untereinander die Möglichkeit geben, sich nach Abschluss des Meetings noch in Breakout-Räumen auszutauschen. Das ist vergleichbar mit dem Zusammenstehen nach einer Präsenz-Veranstaltung.

Phase 9: Nachbereitung

Ein Protokoll verstärkt die Nachhaltigkeit. Denken Sie immer daran: Die Qualität von einem Protokoll misst sich daran, ob es auch wirklich gelesen und genutzt wird. Ist es zu langatmig und wenig aussagekräftig, wird es höchstens archiviert. Ein gutes Protokoll motiviert zur Umsetzung und dient als Erinnerungsstütze. Weiterführendes Material und Links ermöglichen es den Teilnehmenden, „tiefer einzutauchen".

- Schicken Sie das Protokoll zeitnah. Wir alle haben viel zu tun und wenn ein zu großer Zeitraum zwischen Veranstaltung und Protokoll liegt, wird es wenig Wirkung zeigen.
- Die Protokollierung schon während der Veranstaltung kommt gut an. Zeit dafür haben Sie als Moderator z. B. in der Gruppenarbeitsphase. Protokollieren von Zwischenergebnissen verstärkt die inhaltliche Tiefe.
- Wenn vereinbart, kann ein Protokoll auch ein Videomitschnitt der gesamten Veranstaltung oder bestimmter Phasen sein.

Grundsätzliches

Manches ist in allen Phasen einer Veranstaltung wichtig. Die wichtigsten Punkte hier nochmals zusammengefasst:

- Keine zu langen Einheiten ohne Methodenwechsel und Interaktion. Monologisieren kommt im virtuellen Raum noch schlechter an als in Präsenz-Veranstaltungen.

- Verbalisieren Sie, was Sie tun, wenn sich Ihre Aktionen nicht offensichtlich aus dem Prozess erschließen. Kündigen Sie z. B. an, wenn Sie den Bildschirm teilen, kurz aufstehen und zum Flipchart gehen, ein technisches Problem lösen. Wir erleben immer wieder, dass die Teilnehmenden dieses Verbalisieren übernehmen. Das schafft Klarheit!

- Missverständnisse gehören zur Kommunikation. Versuchen Sie, diese zu minimieren. Fragen Sie im virtuellen Raum öfter mal nach, ob die Teilnehmenden alles verstanden haben – persönlich, aber auch durch ein Abfragetool.

- Haben Sie immer die Zeit im Blick. Die Erfahrung zeigt: Man packt fast immer zuviel Inhalt in die verfügbare Zeit. Dadurch fehlt Zeit für lebendigen Austausch.

- Achten Sie auch während Gruppenphasen in Breakout-Räumen auf gutes Zeitmanagement. Planen Sie Ihre Agenda so, dass Sie hier auch mal Zeit zugeben können. Finden Sie die Balance zwischen Unter- und Überforderung.

- Bemerken Sie, wenn Ihnen jemand „abhanden" kommt. Wählen Sie die Einstellungen so aus, dass zugelassene Teilnehmende ohne Warteraum und Ihre Hilfe wieder dem Treffen beitreten können.

- Sorgen Sie dafür, dass die Teilnehmenden Erfolgserlebnisse haben. Sie sind als guter Moderator mehr Motivator als Zuchtmeister.

- Seien Sie ganz bei der Sache und ein Vorbild bezüglich intensiver Interaktion. Das steckt an!

Denken Sie daran: Ein guter Tonmeister wird die Regler eines Equalizers niemals bis zum Anschlag hoch schieben. Verzerrungen und Übersteuerungen wären die Folge. Übertreiben Sie es auch nicht bei der intensiven Interaktion – zu viel zu wollen, bewirkt oft genau das Gegenteil.

- Ermutigen Sie die Teilnehmenden zu Reaktionen – Sie können dafür die Reaktionstools nutzen. Oft aber kommen bei eingeschalteter Kamera natürliche Gesten besser an. Reaktionen zu erleben, motiviert zu noch mehr Aktion und damit Interaktion – daraus entwickelt sich ein Wir-Gefühl.

Der Wirkungs-Regler

Um die Dramaturgie Ihrer Veranstaltung über alle Phasen hinweg gut zu planen, hilft die Vorstellung eines „Wirkungs-Reglers". So erreichen Sie mit Ihren Botschaften und Argumenten Ihre Ziele.

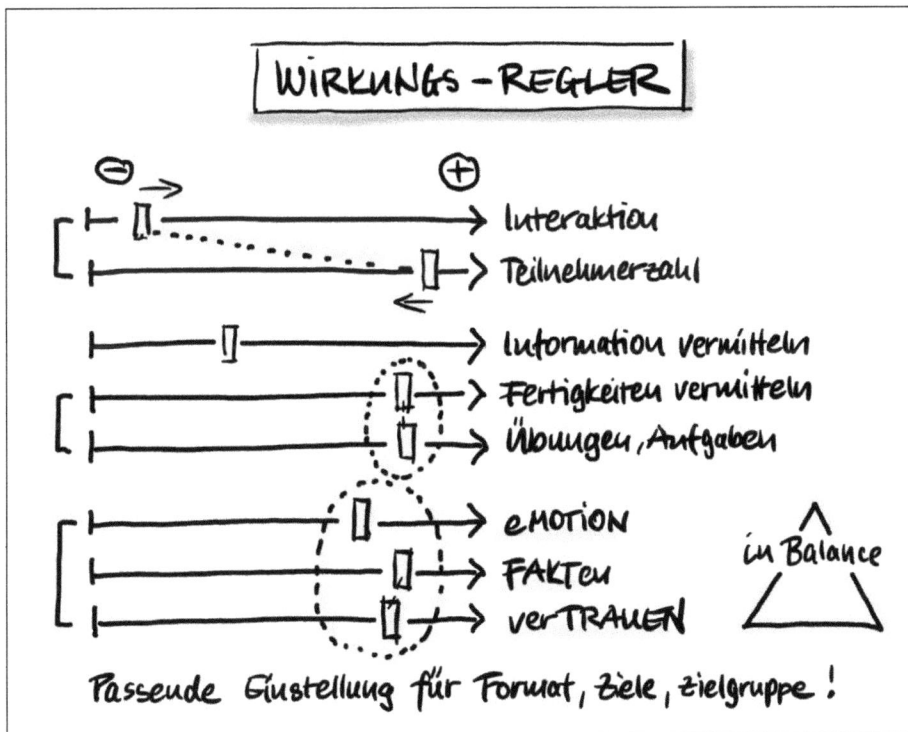

WIRKUNGS - REGLER

Interaktion
Teilnehmerzahl

Information vermitteln
Fertigkeiten vermitteln
Übungen, Aufgaben

eMOTION
FAKTen
verTRAUEN

in Balance

Passende Einstellung für Format, Ziele, Zielgruppe !

Dieser Wirkungs-Regler ist vergleichbar mit einem Equalizer, mit dem Sie Musik oder Sprache optimal abmischen: Welche Frequenzen wollen Sie verstärken, welche unterdrücken? Genauso hilft Ihnen die Metapher des Wirkungs-Reglers für Interaktion, die optimale Abmischung Ihrer Botschaften für die Teilnehmenden zu finden. Denn diese Abmischung wird je nach Veranstaltungsformat, Ihren Zielen, Ihrer zur Verfügung stehenden Zeit und der Zielgruppe eine andere sein müssen. Schauen Sie sich jetzt die entsprechende Grafik einmal genau an:

Das erste Reglerpaar regelt „Interaktion" und „Teilnehmerzahl". Die Regler sind gegenläufig verbunden. Je mehr Teilnehmende, umso weniger Interaktion wird möglich sein; je weniger Teilnehmende, umso intensiver können Sie die Interaktion gestalten.

Die nächste Reglergruppe besteht aus drei Reglern: Der erste für „Information vermitteln", der zweite für „Fertigkeiten vermitteln"; der dritte für „Übungen und Aufgaben". Auch Regler zwei und drei dieser Gruppe sind gekoppelt: Je mehr Sie Fertigkeiten vermitteln wollen, umso mehr müssen Sie Übungen und Aufgaben integrieren, damit mehr Lernerfahrung möglich wird. Halten Sie sich immer vor Augen, dass reine Information wenig bewirkt – aber dass die Praxis hilft, diese Informationen „zu verdauen".

Die letzte Reglergruppe kennen Sie schon: eMOTION, FAKTen, verTRAUEN. Ziehen Sie diese Regler möglichst hoch – aber immer in Balance. Durch diese ausgewogene Mischung kommen die Botschaften bei verschiedenen Charakteren besser an.

Die Regler im Zusammenspiel

Je höher die Teilnehmerzahl, desto schwieriger wird es, die Regler Fertigkeiten und Übungen hoch zu schieben, da Sie weniger Zeit für Austausch, Feedback, Anleitungen und Korrekturen haben. Dafür wird der Regler Informationen zwangsläufig nach oben gezogen. Um trotzdem den Lernerfolg Ihrer Gruppe nicht aus dem Blick zu verlieren, setzen Sie noch bewusster Gruppenarbeit, Umfragetools oder asynchrone Aufgaben ein.

So können Sie überprüfen, ob Ihre Informationen auch wirklich angekommen sind. Außerdem ist es wichtig, neben dem Regler FAKTen, den eMOTIONs-Regler nicht zu vergessen – beispielsweise durch Einstreuen von humorvollen Anekdoten, anschaulichen Beispielen oder mehr (Bewegungs-)pausen. Je höher die Informationsdichte, desto konzentrierter müssen die Teilnehmenden bei der Sache sein und desto schneller ermüden sie. Und umgekehrt: Wenn bei kleineren Gruppen die Regler Fertigkeiten und Übungen höher eingestellt werden können, vernachlässigen Sie nicht den Informationsregler!

Fundiertes Hintergrundwissen und regelmässige Reflexionsphasen sind wichtig, um das praktisch Erlebte und Erlernte immer wieder auf den Punkt zu bringen und zu verankern. Gerade das FAKTische ist notwendig, um Wissen zu strukturieren und in den Zusammenhang bringen zu können. Dieses ist wiederum die Grundlage für kluge, konstruktive Entscheidungen und verantwortungsvolles Handeln.

Ein Schlussgedanke

Bei aller Planung – nichts ist perfekt. Weder Sie, noch die Teilnehmenden, noch das Konzept, noch die Technik.

Wenn Sie es jedem recht machen wollen, erreichen Sie das Gegenteil.

Haben Sie Mut zur Lücke und zum eigenen Standpunkt! Freuen Sie sich darüber, dass Teilnehmende ihren eigenen Standpunkt haben und andere Bedürfnisse als Sie. Auch Widerspruch, leidenschaftliches Ringen um Positionen und Ansichten ist intensive Interaktion! Begegnung und Nähe heißt immer auch Reibung – und Reibung erzeugt Wärme. Menschliche Wärme!

Zusammenfassung intensive Interaktion

■ Menschen ins Handeln bringen!

Mit Kopf, Herz und Hand!

Was fasziniert uns an Geschichten? Warum suchen wir Kontakte? Warum langweilt uns Untätigkeit? Weil Menschen Überraschungen lieben. Weil Menschen ohne Beziehungen, Reaktionen und Bewegung verkümmern. Weil wir Bedürfnisse haben, die durch reinen Informationsaustausch nicht gestillt werden! Erst intensive Interaktion schafft die Voraussetzung für echte Begegnungen und für Beziehungen. Nur so können wir Anerkennung geben und erfahren – und uns als Gruppe erleben. Das ist die Basis für gemeinsames Handeln. Aber intensive Interaktion entsteht im virtuellen Raum nicht automatisch – wir müssen die Werkzeuge der Online-Kommunikation gezielt passend zu den Phasen der Veranstaltung einsetzen.

Level 1

- ❏ Gruppengröße bestimmt den Einsatz der Tools und Methoden
- ❏ Funktionen der Plattform, Spielregeln, Abläufe und Agenda erklären
- ❏ Chatfunktion für Fragen und Anmerkungen nutzen, aber sparsam
- ❏ Durch Reaktions-Tools wie „winken", „klatschen", „langsamer", „schneller" Teilnehmende einbinden
- ❏ Oder auch zu analogen Gesten animieren wie „melden", „klatschen", „winken"
- ❏ Form und Dauer der Vorstellungsrunde der Gruppengröße anpassen
- ❏ Für mehr Abwechslung in kürzeren Einheiten planen
- ❏ Analoge Eigenaktivität anregen wie z. B. etwas zeichnen, Gegenstände zeigen, ...
- ❏ Gleich zu Beginn die Teilnehmenden zum Reden und in Aktion bringen
- ❏ Aufnahmesituation bei den Teilnehmenden verbessern, falls nötig und möglich

Level 2

- ❑ Umfragen vorbereiten und Aufgaben stellen
- ❑ Teilnehmende gezielt ansprechen
- ❑ Bezug nehmen auf Persönliches, z. B. Äußerungen, Beruf, Umgebung, ...
- ❑ Aktiv- und Bewegungspausen einbauen
- ❑ Standortwechsel des Moderators
- ❑ Wahrnehmen, was bei den Teilnehmenden geschieht und darauf reagieren
- ❑ Kleingruppenarbeit und Small-Talk durch Breakout-Sessions ermöglichen
- ❑ Auch Einzelarbeitsphasen einplanen
- ❑ Erlebnisse schaffen

Level 3

- ❑ Live-Fragerunden sparsam und gezielt einsetzen
- ❑ Offene Fragen stellen
- ❑ Diskussions- und Feedbackrunden zulassen
- ❑ Gemeinsames arbeiten an Dokumenten und am Whiteboard
- ❑ Rollen oder einzelne Funktionen an Teilnehmende weitergeben
- ❑ Perspektivenübernahme
- ❑ „Wirkungsregler" einstellen
- ❑ Phasenweise bewusst auf Video oder Audio verzichten

Ausdruck

■ Kompetenz und Lebendigkeit ausstrahlen

Mehr Ausdruck – mehr Eindruck

Aus*druck*. Das Wort an sich beinhaltet schon, dass da ein „Etwas" mit Kraft von Innen nach Außen drängt. Drängt, um Ein*druck* zu hinterlassen!

*Zu perfekt wirkt unnahbar und kühl.
Kleine „Schönheitsflecken" und
Unerwartetes macht Ihr Auftreten
besonders sympathisch.*

Wenn Sie mit Teilnehmenden in intensive Interaktion kommen wollen, müssen Sie dafür sorgen, dass Ihre Botschaften auch wirklich ankommen und nicht nur der Schall Ihrer Worte. Das machen wir täglich - und das funktioniert, meist sogar ohne viel Überlegung. Vorausgesetzt, Ihre Gegenüber verweigern sich nicht der Kommunikation. Wenn Ihre Botschaften jedoch trotzdem nicht ankommen, fehlt es oft am Zuhörerkontakt und dem Mitteilungswillen. Das heißt, der andere hat Ihre Worte zwar gehört, aber diese haben keinen Eindruck hinterlassen. Die Amygdala lässt zwar die Worte hinein, aber nicht die Botschaft. Deshalb müssen Sie das Gesagte auch wollen. Sie müssen Lust haben, sich auszutauschen, sich mitzuteilen, sich auszudrücken, um eine Reaktion und damit Ihre Ziele zu erreichen. Vertrauen Sie darauf, dass Ihre Worte wirken! Worte können Berge versetzen, nicht nur der Glaube. Ein weiteres schönes Zitat von Bernhard von Clairvaux, einem Abt des Mittelalters in diesem Zusammenhang:

Ihr sollt nicht mitteilen wollen, bevor ihr angefüllt seid.

Stress, der schwächt

Nun ist das Sprechen vor anderen Menschen, egal ob off- oder online, für viele mit gewissem Stress verbunden. Sie kennen das vielleicht: Sie haben sich auf eine wichtige Präsentation gut vorbereitet. Sie wissen, was Sie sagen wollen. Und dann stehen Sie vor Ihrer Chefin oder Ihren Kollegen und plötzlich wird der Atem knapp. Sie sprechen zu schnell und die Hände und Knie zittern sogar ein wenig. Der Stress kann daher kommen, dass Sie die Situation scheuen und unbewusst Angst haben, etwas falsch zu machen. Oder dass Sie und Ihre Ideen abgelehnt werden. Der Stress kann aber auch dadurch hervorgerufen werden, dass Sie sich plötzlich um Technikprobleme kümmern müssen oder um Bedienfunktionen, die Ihnen unvertraut sind. Der Körper reagiert darauf. So drückt er aus: „Ich möchte hier weg". Ihre Worte dagegen drücken aus: „Ich habe Ihnen etwas Wichtiges zu sagen". Dies verwirrt Ihre Zuhörer. Im ungünstigsten Falle wirken Sie dadurch unglaubwürdig, weniger kompetent, als Sie eigentlich sind. Und manchmal verlieren Sie sogar bereits gewonnenes Vertrauen. Mit dem Trainieren Ihrer Ausdrucks-Werkzeuge gewinnen Sie Sicherheit und reduzieren Ihren Stresslevel.

Bewusstheit für den privaten und den öffentlichen Raum

Unser Verhalten vor der Kamera wird durch die ungewohnte Vermischung von Privatheit und Öffentlichkeit beeinflusst. Vielleicht haben Sie, wie viele andere Menschen auch, ihr Homeoffice in Ihrem Wohnzimmer, vielleicht sogar im Schlafzimmer – weil Sie nur dort ungestört arbeiten können? Ein privater Raum wird also zum Büro. Und selbst ein Arbeitszimmer zu Hause verführt dazu, sich weniger professionell zu verhalten als am gewohnten Arbeitsplatz. Denn Ihr Zuhause ist die Umgebung, die Sie – Ihr Geist und Körper – mit Privatsphäre verbinden. Privatsphäre bedeutet: Sie können nach Herzenslust in der Jogginghose auf dem Sofa rumlümmeln, dreckiges Geschirr darf herumstehen. Sie können reden, wie Sie wollen. Indem Sie vor die Kamera treten, zeigen Sie nun aber plötzlich Ihre private Umgebung der Öffentlichkeit.

Stellen Sie sich vor, die Teilnehmenden Ihres Workshops, Ihr Arbeitsteam oder Ihre Chefin stünden plötzlich persönlich vor Ihrer Haustür, um bei Ihnen Ihre Besprechung abzuhalten! Würden Sie nicht vorher schnell aufräumen und sich umziehen? Das zeigt: Allzu Privates taugt nicht als Arbeitsumgebung. Entscheiden Sie bewusst, wie viel Privates Sie zeigen wollen: Wie präsentieren Sie sich? Welche Umgebung zeigt die Kamera? Die Gestaltung der äußeren Faktoren hat außerdem Einfluß auf Ihre innere Haltung, Ihr Mindset. Je mehr „professionelle Wohlfühlatmosphäre" Sie schaffen, umso besser können Sie trotz räumlicher Distanz motivieren, Interesse wecken, Emotionen zeigen und dadurch Ihre Zuhörer erreichen!

Stress ist ein Ungleichgewicht zwischen den Anforderungen der Umwelt, und den persönlichen Voraussetzungen, Möglichkeiten, Fähigkeiten, Ressourcen des Individuums.

Psychischer Stress ist ein biochemischer Vorgang der nur im Kopf stattfindet, dieser wird hervorgerufen durch die Angst etwas nicht schaffen zu können bzw. nicht genügend Ressourcen zu haben eine Situation meistern zu können. Er wirkt nicht von außen auf eine Individuum ein, sondern entsteht immer nur in der gestressten Person selbst. (vgl. Becker, Klaus Jürgen, Erfolg ohne Stress, S.23, München: Verlag Peter Erd., 1990)

Überblick über Ihre Ausdrucks-Werkzeuge

Es gibt viele verschiedene Kommunikationsmittel, mit denen Sie auf Ihre Zuhörenden, Teilnehmenden oder Kunden einwirken können. Einiges von diesem Handwerkszeug haben Sie in den vorangegangenen Kapiteln schon kennengelernt. Nun geht es darum, wie Sie Ihre Botschaften durch Ihr Sprechen, Ihre Stimme und Ihre Körpersprache bestmöglich zur Geltung bringen. Und dies ganz speziell in der virtuellen Situation!

Die wichtigsten Werkzeuge, auf die wir im Kapitel näher eingehen, sind:

Nonverbale Ausdrucks-Werkzeuge

- **Körperhaltung und –bewegung**: Im Stehen und Sitzen.
- **Mimik:** Die Veränderung des Mienenspiels beim Denken und Sprechen als Ausdruck Ihrer Empfindungen, Gedanken oder Wünsche.
- **Gestik:** Der Einsatz vor allem der Arme, der Hände und des Kopfes beim Sprechen.
- **Blickkontakt:** Er kann flüchtig, schweifend, starrend, nicht vorhanden sein oder sicher gehalten werden.
- **Kleidung:** Wie kleide ich mich kameratauglich?
- **Hintergrund/Umfeld:** Welchen Raumeindruck präsentieren Sie den ZuhörerInnen?

Paraverbale Ausdrucks-Werkzeuge

- **Stimmklang:** Die Stimme eines Menschen kann sich z. B. warm, volltönend, eng, gepresst, angestrengt, knarrig, resonanzreich etc. anhören.
- **Melodie:** Stimmlage und Variation der Tonhöhe.
- **Dynamik:** Variation der Lautstärke, z. B. um Wichtiges hervorzuheben.
- **Artikulation:** Die Aussprache der einzelnen Laute und Wörter. Diese kann deutlich, dialektal, nuschelig etc. sein.

Paraverbal: Das Präfix pará kommt aus dem Griechischen und heißt „bei, neben". Paraverbal bezieht sich also demnach auf den Charakter des gesprochenen Wortes. Also eine zusätzliche Bedeutungsebene, die neben dem reinen Inhalt des Wortes mitschwingt.

- **Tempo:** Sprechgeschwindigkeit und Pausensetzung.

- **Lachen, Lächeln, Schmunzeln:** Macht sympathisch.

- **Allgemeine Geräusche:** Seufzen, Räuspern, Lippen- und Atemgeräusche.

- **Fülllaute:** ähm, mhh etc.

Ihre Ausdrucks-Werkzeuge sind prinzipiell dieselben, egal ob Sie Menschen off-oder on-line begegnen. Aber die Online-Situation schränkt stark ein, wie wir Menschen und den sie umgebenden Raum sinnlich wahrnehmen – der Fokus auf das Gesicht, den Ober-körper und die Stimme wird dagegen verstärkt. Durch diesen Lupeneffekt werden un-bewusste Gesten, Bewegungen und Geräusche, die live kaum auffallen würden, plötzlich übergroß. Dazu gehören: Nase kratzen, Haare aus dem Gesicht streichen, drehen auf dem Bürostuhl und selbst ein ganz leichtes Vor- und Zurückpendeln im Oberkörper. Alle Ausdrucks-Werkzeuge können im virtuellen Raum noch leichter fehlinterpretiert werden als in einer Präsenzsituation. Ein Beispiel: Das Aufstützen des Kopfes eines Teil-nehmers auf die Hände interpretieren Sie so, dass er gelangweilt und nicht mehr bei der Sache ist. Dabei ist der Teilnehmer nur entspannt, fühlt sich in seinem privaten Raum wohl und denkt intensiv nach. Das kleine Videobild gibt Ihnen nicht genügend Informationen. Den Informationsverlust gibt es auch beim Ton. Durch ein schlechtes Mikro, einen schlechten Lautsprecher oder schlechte Übertragungsqualität gehen Aus-drucksnuancen der Stimme verloren.

Sie müssen die nonverbalen und paraverbalen Ausdrucks-Werkzeuge also dem Medium anpassen. Das können Sie üben! Viele Haltungen und Bewegungen können Sie ganz leicht verändern, es ist nur eine Frage des Verständnisses und der Einstellung. Anderes braucht etwas Zeit und Geduld, wie die Veränderung des Stimmklangs, der Gestik und die Gestaltung der Sprache.

Nun gehen wir ins Detail und geben Ihnen einige praktische Impulse zum Üben.

■ Nonverbale Ausdrucks-Werkzeuge

Körperhaltung: Ihre Position vor der Kamera

Grundsätzlich empfinden wir jemanden als präsent, wach und gesprächsbereit, wenn uns sein Körper Signale für Interaktionswillen zeigt: Beispielsweise durch eine aufrechte, dem Gesprächspartner zugewandte Körperhaltung und durch Blickkontakt.

In jedem Workshop gibt es Phasen, in denen Sie als Gastgeber eine aktivere Rolle haben als die Teilnehmenden: beim Erklären, beim Fragen stellen, beim moderieren. Zeigen Sie dies auch körpersprachlich durch Aufrichten und den direkten Blick in die Kamera. Wenn allerdings Ihre Teilnehmenden oder Ihre Gesprächspartner an der Reihe sind, dann lehnen Sie sich bewusst etwas zurück und nehmen eine entspanntere Haltung ein. Das signalisiert Ihnen selbst und den anderen, dass Sie zuhören. Niemand kann oder möchte drei Stunden lang spannungsgeladen vorne auf der Stuhlkante sitzen! Gerade bei einem längeren virtuellen Treffen ist es wichtig, dass es immer wieder Phasen der Entspannung gibt – sowohl für den Leitenden als auch für die Teilnehmenden.

Probieren Sie gleich einmal aus, wie Sie mit Ihrer Haltung vor der Kamera Ihre Ausstrahlung und Präsenz verbessern können.

Beim Sitzen:

Setzen Sie sich auf das vordere Drittel Ihres Stuhls. Die Füße stehen dabei fest auf dem Boden. Pendeln Sie nun leicht von rechts nach links. Dabei spüren Sie am Gesäß zwei harte Knochen, Ihre Sitzhöcker. Diese sind Ihre Orientierungshilfe. Wenn Sie zu weit nach vorne kippen, also schon leicht im Hohlkreuz sitzen, dann spüren Sie diese nicht mehr, ebenso, wenn Sie zu weit in sich zusammensinken und dadurch das Becken nach hinten kippt. Sie sitzen optimal, wenn Sie Ihre Sitzhöcker deutlich spüren. Sie sitzen so in wacher Balance! Lockern Sie immer mal wieder Ihre Schultern, indem Sie diese nach hinten kreisen.

Je größer etwas ist, umso mehr fällt es auf. Dieses Prinzip findet man in mittelalterlichen Gemälden. Der König oder Feldherr wurde einfach größer dargestellt als die Untertanen. Man nennt dies die Bedeutungsperspektive.

Auch im Tierreich wird geplustert, das Fell gesträubt, sich auf die Hinterbeine gestellt, um Aufmerksamkeit zu erregen oder Dominanz zu zeigen.

Nutzen Sie diesen Effekt der Bedeutungsperspektive gezielt und angemessen auch vor der Kamera. Je näher Sie dieser kommen, umso präsenter werden Sie und Ihre Botschaften.

Eine Alternative zum freien Sitzen ohne sich anzulehnen: Nehmen Sie ein großes Handtuch und formen dieses zu einer länglichen Rolle. Diese klemmen Sie sich hochkant entlang der Wirbelsäule zwischen Rücken und Stuhllehne. Das erinnert Sie immer wieder daran, den Rücken aufrecht zu halten.

Beim Stehen:

Verteilen Sie Ihr Gewicht auf beide Füße möglichst gleichmäßig. So haben Sie einen stabilen Stand. Die Knie sollten niemals durchgestreckt sein, sondern locker bleiben. Stellen Sie sich vor, dass Sie mit Ihren Füßen in weichem, warmem Sand stehen. Wer keinen Sand zwischen den Zehen mag, sucht sich ein anderes angenehmes Bild.

Egal ob Sie sitzen oder stehen, um eine aufrechte Haltung zu erlangen, gibt es eine weitere Vorstellungshilfe – der Ihnen vielleicht bekannte Marionettenfaden. Stellen Sie sich vor, dass der höchste Punkt Ihres Schädels an einem Marionettenfaden befestigt ist. Der Marionettenspieler hält diesen in der Hand, so dass Sie durch Ihre Wirbelsäule einen leichten Zug nach oben verspüren. Dabei bleibt Ihr Kopf aber frei beweglich. Alternativ können Sie sich auch vorstellen, dass Sie eine hübsche Brosche oder einen Orden auf der Brust tragen, die/den Sie stolz zeigen möchten. Aber bitte nicht übertreiben! Mit beiden Vorstellungshilfen richtet sich der Brustkorb auf, die Schultern fallen automatisch ein bisschen nach hinten und der Nacken streckt sich nach hinten oben. Überprüfen Sie noch einmal, ob Ihre Schultern und auch Ihr Kiefer locker sind. Nun legen Sie sich eine Hand auf den Bauch. Spüren Sie, wie sich beim Ein- und Ausatmen die Bauchdecke ganz leicht hebt und senkt. Ihre Haltung und Ihre Atmung sollten Sie während der virtuellen Veranstaltungen immer wieder überprüfen.

Mit einer guten Haltung tun Sie sich etwas Gutes – körperlich genauso wie mental. Sie reduzieren Ihre Stressoren und bleiben länger wach und leistungsfähig. Als kleine Erinnerungshilfe, um immer wieder auf Ihre Haltung zu achten, hilft Ihnen ein entsprechendes Post-it oder Bild an Ihrem PC.

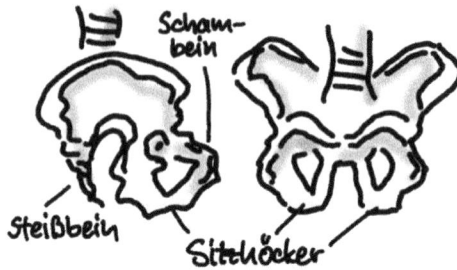

Scham-
bein

Steißbein

Sitzhöcker

✓ Becken
✓ Wirbelsäule
✓ Nacken
✓ Knie + Füße
ausrichten!

Sitzen auf
den Sitzhöckern!

Beckenachse

normal   Hohlkreuz   Rundrücken

beim
Bildschirm-
blick

frei
beweglich
in Balance, Nacken lang

nicht
durch-
gestreckt.

Selbstbewusstsein heißt auch, sich selbst seines Körper bewusst zu sein

Bevor Sie die nächsten Male in ein Meeting gehen, sei es als Teilnehmer oder als Gastgeber, nehmen Sie sich vorher zwei, drei Minuten Zeit, schließen Sie für einen Moment die Augen und spüren Sie in Ihren Köper. Wie sitzen oder wie stehen Sie? Was macht Ihre Atmung?

Mimik und Gestik: Hampelmann und Zinnsoldat

Im Grunde steht uns auch vor der Kamera die ganze Ausdruckspalette der Emotionen zur Verfügung. Sonst würde ein Film nicht berühren können. Sie haben schon gelesen, wie wichtig eMOTION für den Aufbau von VerTRAUEN ist.

Seien Sie kein Zinnsoldat ohne Gestik und Mimik!

Seien Sie aber auch kein Hampelmann. Sehr schnelle und hektische Bewegungen wirken im kleinen Sichtfeld der Kamera schnell übertrieben und zappelig. Achtung auch bei Drehstühlen oder Sitzbällen. Diese verleiten dazu, sich hin und her zu drehen bzw. auf und ab zu bouncen. Das lenkt ab und nervt auf die Dauer. Achten Sie bei Gesten darauf, dass diese sich im Blickfeld der Kamera befinden. Wenn Sie wirklich etwas verdeutlichen wollen, dann müssen Sie beim Sitzen oft die Arme etwas höher halten als in der Präsenzsituation oder beim Stehen. Passen Sie auf, dass Ihre Hände nicht Ihr Gesicht und damit Ihre Mimik verdecken. Je dichter Sie vor der Kamera sitzen, umso weniger kommt Ihre Gestik an, da ihr Gesicht den ganzen Bildschirm füllt.

Und lächeln Sie! Gerade weil wir uns auf Distanz begegnen, ist es umso wichtiger, dass wir eine gute Stimmung erzeugen und die Teilnehmenden für uns gewinnen. Außerdem hört man das Lächeln in der Stimme! Die Zuhörer fühlen sich mehr angesprochen. Wenn Sie vor der Kamera dagegen einfrieren, dann wird auch Ihr stimmlicher Ausdruck eintöniger.

Blickkontakt: „Ich seh' dir in die Augen, Kleines"

Der Blickkontakt spielt in der zwischenmenschlichen Begegnung eine wesentliche Rolle. Im wahrsten Sinne des Wortes stellen wir über Augen „Kontakt" her. Es fühlt sich sehr unangenehm an, wenn mein Gesprächspartner mich beim Reden nicht anschaut oder den Blickkontakt immer nur kurz hält. Aber auch angestarrt zu werden ist irritierend! Sie kennen sicher die Phrasen: „Ich fühle mich gesehen", „sein durchdringender Blick", „Ihre leuchtenden Augen", „der erwiderte Blick". Der Blickkontakt geht also über das reine „Hinschauen" hinaus. Er erfordert ein Wahrnehmen der anderen Person.

Wenn Sie nun vor der Bildschirmkamera sitzen, haben Sie ein Problem – besonders bei größeren Gruppen. Sie als Moderator möchten Ihren Teilnehmenden beim Sprechen in die Augen schauen. Schauen Sie auf die Teilnehmerbilder, blicken Sie nach unten, also weg von der Kamera. Ihre Augen werden klein, weil die Lider sich senken und manchmal sogar der ganze Kopf nach unten geht. Um Blickkontakt herzustellen, müssen Sie direkt in die Kamera gucken. Wenn Sie allerdings ständig in die Kamera schauen, dann sehen Sie die Reaktionen der anderen nicht. Üben Sie den Kamerablick wie ein Fernsehmoderator – es lohnt sich! Ihre Augen werden plötzlich ganz groß und wirken aufmerksam. Ihr Gegenüber fühlt sich direkt angesprochen.

Im Workshop oder Meeting müssen Sie also hin und her wechseln zwischen dem Blick in die Kamera und dem Blick auf Ihre Teilnehmenden. Es bietet sich an, bei längeren Redephasen in die Kamera zu schauen und beim Zuhören auf die Videobilder der Teilnehmenden, um deren Mimik und Gestik sehen zu können. Und wieder dient ein entsprechendes Post-it, Bild oder Aufkleber als Erinnerungshilfe – diesmal knapp über der Kameralinse! So haben Ihre Augen einen Fixpunkt, wo sie hinschauen können – und Sie starren nicht in ein schwarzes Loch. Wenn Sie ein nettes oder lustiges Foto dort sehen, dann hilft es Ihnen zusätzlich auch noch beim Lächeln. Auch im Hinblick auf das Thema Stimme wird es Ihnen dabei helfen, immer wieder Ihren Mitteilungswillen zu aktivieren. Denn obwohl Sie zu der Kamera sprechen, sind lebendige Menschen gemeint!

Ihre Blickrichtung hat Bedeutung:

Als Teilnehmer wirkt es oft irritierend, wenn der Moderator irgendwo anders hinschaut als direkt in die Kamera. Das gilt auch umgekehrt. Das kann ein Blick ins Konzept sein, die technische Bedienung, ein Mitschreiben. Da wir aber nicht alles sehen, könnte derjenige sich gerade mit etwas ganz anderem beschäftigen: Eine Mail schicken, online Nachrichten lesen, seine Sozialen Medien checken. Und dann ist es vorbei mit der intensiven Interaktion! Die Praxis zeigt, dass klare, eindeutige Blickwechsel angenehmer sind als kleine abweichende Bewegungen mit den Augen, die als Ablenkung gedeutet werden können. Ein zweiter oder sogar dritter Bildschirm unterstützt diese klaren Blickwechsel und erleichtert es sowohl den Teilnehmenden als auch dem Moderierenden, die Orientierung zu behalten: Verteilen Sie Ihre Inhalte wie Chat, Dokumente zum Zeigen, Teilnehmerverwaltung und Sprecheransicht fest auf die verschiedenen Screens. Dann sind die Blicke zur Seite automatisch klar mit einem bestimmten Inhalt verbunden. Das erspart Ihnen suchendes Herumgeklicke, gibt Sicherheit und vermittelt Professionalität.

Kleiderwahl: Kleider machen Leute

Bei unserem Einführungs-Webinar virtuelle Kommunikation wurden uns im Vorfeld folgende Fragen gestellt: Wird man mich sehen? Wenn ja, was ziehe ich an? Was mache ich mit meinen Haaren? Die Fragen waren zwar ein bisschen ironisch gemeint, aber doch auch ernst. Vielleicht beschäftigen diese Fragen manche mehr und manche weniger, aber ganz frei macht sich davon sicherlich kaum jemand. Denn wir wollen ja alle „gut rüberkommen". „Kleider machen Leute", so heißt es im Volksmund. Zu diesem Thema ließe sich viel sagen. Zumal es sehr darauf ankommt, wer, wann, mit wem in welcher Situation spricht und was der Zweck des Ganzen ist. Ein Yogalehrer wird eine andere Wahl treffen als eine Teamleiterin im Businessmeeting. Deshalb hier nur einige Basics zum Thema kamerataugliche Kleidung. In erster Linie sollten Sie sich natürlich wohlfühlen und genug Bewegungsfreiheit haben. Wie schick oder wie legere Sie sich kleiden, hängt ganz von Ihnen und der Situation ab. Im Hinblick auf das Thema „Privater und

Unser Auge ist mehr als ein empfangender Sensor für visuelle Sinneseindrücke.

Da das Auge, im Gegensatz zum Ohr, beweglich ist und von einem Punkt zum nächsten springen kann, entstand schon in der Antike die Idee des sendenden „Sehstrahles" – vergleichbar mit einer strahlenden Taschenlampe. Also ist das Auge sowohl ausstrahlend als auch empfangend.

Oder wie es Johann Wolfgang von Goethe poetisch in Worte fasste: „Wär nicht das Auge sonnenhaft, die Sonne könnt es nie erblicken... ."

öffentlicher Raum" spielt es natürlich eine große Rolle, was Sie zu Hause im Homeoffice tragen. Schauspieler beispielsweise finden oft erst richtig in ihre Rolle, wenn sie „ihr" Kostüm bekommen. Es gibt ihnen ein anderes Körpergefühl. Sicher geht es auch Ihnen so, dass Sie im Schlafanzug schwieriger in Arbeitsstimmung kommen – unabhängig davon, ob Sie jemand sieht. Kleiden Sie sich daher am besten so, wie Sie es auch in der Präsenzsituation tun würden.

Lassen Sie sich inspirieren

Schauen Sie sich ein paar Ideen ab von den Sprechern der Tagesschau, von Fernsehmoderatoren oder Youtubern. Je stärker Sie den Blick auf sich selbst konzentrieren wollen, desto stärker können Sie mit Kontrasten arbeiten. Beeindruckend hat es ein bekannter Technik-Youtuber umgesetzt: Er trug ein schwarzes T-Shirt sowie ein schwarzes umgedrehtes Basecap. Er verschmolz quasi mit dem komplett schwarzen Hintergrund. Nur sein Gesicht und seine Unterarme, mit denen er etwas zeigte und erklärte, stachen hell und klar hervor. Er war natürlich entsprechend professionell ausgeleuchtet und aufgenommen, so dass er damit perfekt in Szene gesetzt wurde. Für eine normale technische Ausstattung gibt es ein paar allgemeine Aspekte, die Sie beachten sollten.

Falls Sie eine Brille tragen, achten Sie darauf, dass diese nicht zu viel Spiegelungen einfängt. Das beeinträchtigt den Blickkontakt.

Vermeiden Sie:

- auffallende Muster, Aufdrucke.

- filigrane Muster wie kleine Karos, Pünktchen, Streifen, Fischgrätenmuster. Sie bewirken einen Flimmereffekt vor der Kamera.

- zu viele Kleidungsschichten übereinander. Das wirkt unklar.

- viele bunte Knöpfe. Sie lenken ab.

- große Flächen in Schneeweiß. Die Kamera stellt sich auf die Helligkeit ein und alles andere wird zu dunkel.

- große Flächen in Schwarz. Die Kamera stellt sich auf die Dunkelheit ein und helle Flächen im Hintergrund werden überbelichtet.

- allzu bunte Kleidung. Diese lenkt von Ihrem Gesicht ab.

- Rollkragen, dicke Schals oder Tücher. Wenn man den Hals nicht sehen kann, wirkt es zugeknöpfter und bei kräftigen Personen plumper.

- zu viel großer oder baumelnder Schmuck. Dieser glänzt in der Kamera.

- glitzernden Lidschatten, zu viel Lipgloss. Diese glänzen ebenfalls in der Kamera.

Wählen Sie lieber:

- klare Farben und eher einfarbige Kleidung.

- wenn weiß, dann cremeweiß oder perlweiß etc.

- einen V-Ausschnitt oder offenen Blusen- oder Hemdenkragen. Das wirkt offener, wenn es die Kleiderordnung zulässt.

- Haare aus dem Gesicht, damit man die Mimik besser sehen kann. Eventuell Haarspray nehmen, damit keine Härchen fliegen.

- Kleidung bügeln; viele Falten fallen auf, das wirkt ungepflegt.

- Puder für das Gesicht und den Hals. Das gilt auch Männer, damit kein Glanzeffekt entsteht.

Werfen Sie vor Ihrem virtuellen Treffen noch einmal einen kritischen Blick in den Spiegel und überprüfen Sie, ob Sie auch keine Flecken auf der Kleidung haben, kein Hemdknopf oder Reißverschluss versehentlich offen ist, Ihre Brille geputzt und gerade ist und Sie nichts zwischen den Zähnen haben. Gerade nach kurzen Pausen wird dieser Kontrollblick oft vergessen.

Aber keine Regeln ohne Ausnahmen!

Ihre Kleidung kann dazu beitragen, kompetent und professionell zu wirken. Aber wenn Sie zu Ihrem besonderen Stil stehen und Sie kompetent sind, werden Sie trotzdem Ihre Zuhörenden erreichen – mit Ihrer, im Sinne des Wortes, *merk*würdiger Ausstrahlung.

Hintergrund: Wäscheständer, Weltall oder weiße Wand?

Am Besten Sie nehmen sich anfangs ab und zu auf Video auf. Dazu reicht auch ein Handy. Erzählen Sie einige Minuten lang etwas in die Kamera und achten Sie dabei auf Ihre Körperhaltung, den Blickkontakt und die Atmung. Je öfter Sie das üben, umso leichter fällt es Ihnen mit der Zeit.

Noch ein paar Hinweise zum Thema Bildhintergrund. Vor dem Start des virtuellen Treffens positionieren Sie die Kamera auf Augenhöhe und aktivieren Sie diese. Überprüfen Sie den übertragenen Bildausschnitt. Ist der Hintergrund wirklich passend? Vielleicht steht dort gerade noch der Wäscheständer, es ragt Ihnen eine Zimmerpflanze wie eine Antenne hinten aus Ihrem Kopf oder das Lampenlicht verleiht Ihnen einen Heiligenschein. Optimieren Sie den Hintergrund, wie schon im Kapitel *Aufnahmesituation* beschrieben. Je professioneller und offizieller es sein soll, desto neutraler sollte der Hintergrund gewählt werden. Grundsätzlich sollte er nicht zu sehr ablenken.

Wenn der Blick mehr vom Buchtitel im Hintergrund oder dem hübschen Kätzchen angezogen wird statt von Ihnen, ist das schade. Doch wenn Ihr Beruf mit Literatur zu tun hat oder Sie ein Bücher- oder Katzenliebhaber sind und Sie das zeigen möchten, dann wiederum ist das genau der passende Hintergrund für Sie – und kann einen Gesprächsanlass für Small Talk bieten. Mit kleinen Veränderungen im Hintergrund können Sie gezielt die Aufmerksamkeit lenken – z. B. um einen Themenwechsel zu visualisieren. Denken Sie auch, wie schon angesprochen, an die Symbolik Ihres Hintergrundes. Wenn Sie Verhandlungen führen und man sieht im Hintergrund formatfüllend ein sinkendes Schiff, ist das zumindest ungewöhnlich. Das haben wir erst vor wenigen Tagen gesehen!

■ Paraverbale Kommunikationsmittel

Was Sie über Ihre Stimme wissen sollten

Die Stimme ist ein Instrument, das wir mit der Zeit immer besser einzusetzen wissen. Als Babys können wir nur schreien, wenn uns etwas missfällt. Wir sind darauf angewiesen, dass unsere Eltern die feinen Nuancen erkennen, um zu wissen, ob wir gerade Hunger oder Bauchweh haben oder nicht einschlafen können. Je älter wir werden, desto ausdrucksfähiger werden wir. Wir lernen Sprechen und können uns nun mittels Worten verständigen. Aber auch unser emotional-stimmlicher und körpersprachlicher Ausdruck wird differenzierter. Künstler wie Sänger, Schauspieler oder Sprecher arbeiten ständig daran, diese Ausdrucksfähigkeit weiter zu verfeinern. Und in unserer Stimme spiegelt sich immer auch unser seelischer Zustand, unsere Stimmung. So vermögen wir andere Menschen mittels unserer Stimme zu berühren und bei Ihnen Emotionen zu wecken. Dabei spielen besonders die Spiegelneuronen eine große Rolle.

Ein Spiegelneuron ist eine Nervenzelle, die im Gehirn von Menschen (und allen Primaten!) beim „Betrachten" eines Vorgangs das gleiche Aktivitätsmuster zeigt wie bei dessen „eigener" Ausführung. Auch Hören verursacht bei einem Spiegelneuron ähnliche Aktivitätsmuster wie Sprechen. Seit ihrer Entdeckung 1992 wird diskutiert, ob Spiegelneuronen überhaupt erst Empathie möglich machen.

Wie unsere Stimme entsteht

Die Stimmgebung beginnt mit dem Einatmen. Wenn wir dann wieder ausatmen, strömt Luft durch die Luftröhre und trifft dort auf die Stimmlippen. Diese liegen waagerecht im Kehlkopf und trennen die oberen von den unteren Atemwegen. Die Stimmlippen bestehen im Wesentlichen aus Muskulatur und sind von Schleimhaut überzogen. Beim tonlosen Ein- und Ausatmen sind sie geöffnet. Wenn wir sprechen, dann müssen sie sich vorher schließen, so dass die ausströmende Luft die Stimmlippen in Schwingung bringt. Der Ton an den Stimmlippen klingt noch nicht nach unserer Stimme, wie wir sie hören, sondern eher nach einem Geräusch. Dieses Geräusch heißt Primärton. Die entstehenden Schwingungen müssen erst noch verstärkt und geformt werden, damit man uns hören und verstehen kann. Wir brauchen also einen guten „Lautsprecher". Dafür sorgen unsere Sprechorgane wie Zunge, Lippen, Zähne und Gaumen sowie die Resonanzräume, die oberhalb der Stimmlippen liegen. Das sind: Kehlkopfeingang, Mund- und Rachenraum und Nasenhöhlen. Man nennt diesen Bereich, also unseren Lautsprecher, auch Ansatzrohr oder Vokaltrakt. Sie können sich vorstellen, dass die Anatomie dieser Räume und Organe bei jedem Menschen individuell ein wenig anders aussieht. Daher entstehen unsere unterschiedlichen Klangfarben. Auch wenn die anatomischen Gegebenheiten so sind, wie sie sind, können wir trotzdem durch wechselnden Einsatz einzelner Artikulationsorgane – Stimmlippen, Kehlkopf und Atmung - deren Zusammenspiel verändern und damit die Klangfarbe jeweils stark verändern. Denken Sie nur an einen Obertonsänger! Nur durch gekonnten Einsatz von Mund-, Lippen-, Zunge- und Kehlkopfbewegungen kann er einzelne Obertöne herausfiltern. Es entsteht der Höreindruck von Mehrstimmigkeit. Falls Sie so etwas noch nie gehört haben, geben Sie den Begriff auf YouTube ein.

Da dem Ausatemstrom beim Sprechen eine sehr große Bedeutung zukommt, spielen natürlich auch die Lungen, der Brustkorb, das Zwerchfell, die Körperhaltung und die gesamte Körperspannung eine große Rolle. Deswegen redet man auch davon, dass man mit dem ganzen Körper spricht, nicht nur mit dem Mund und den Stimmlippen.

Wieso werde ich heiser?

Langes und eventuell sogar raumfüllendes Sprechen, sei es als Trainer, Lehrer oder in diversen Besprechungen, fordert die Stimmbänder in hohem Maße. Durch zu lautes oder „falsches" Sprechen, eine ungünstige Körperhaltung etc. entsteht vermehrter Druck in der Muskulatur des Halses und an den Stimmbändern. Ein großer Raum fordert Sie dazu heraus, sich noch in der letzten Reihe Gehör zu verschaffen. Als ungeschulter Sprecher spannen Sie eher vermehrt die Muskulatur im Hals an, als dass Sie Ihre Atmung, Ihr Zwerchfell und Ihre Resonanzräume zur Verstärkung nutzen. Aber auch wenn Sie gewöhnlich in großen Räumen keine Probleme haben, kann es nun plötzlich vor der Kamera zu Heiserkeit kommen. Vielleicht weil Sie sich zurückhalten müssen oder sich eingeengt fühlen. Vielleicht auch, weil Sie durch die ungewohnte Situation

Hier finden Sie zwei Beispiele für Obertongesang:

https://www.youtube.com/watch?v=vC9Qh709gas

https://www.oberton.org/obertongesang/was-ist-obertongesang/

verspannter sind, wird jetzt das Sprechen plötzlich anstrengender. Helfen kann dabei, dass Sie sich den wirklichen, realen Raum um sich herum bewusst machen. Verschaffen Sie sich innerlich sowie äußerlich Platz! Lassen Sie sich nicht von der Kamera einengen. Dies führt zu vermehrter Körperspannung – deshalb:

Werden Sie zu Ihrem eigenen Körperdetektiv!

Zu viel Körperspannung, Verspannungen und vor allem Schmerzen wirken sich auf die Stimmgebung aus. Einerseits auf den Kehlkopf und die ihn umgebende Muskulatur, die diesen in eine ungünstige Position bringt oder zu starr fixiert. Andererseits auf die Stimmbandmuskeln selbst, die mit zu viel Spannung arbeiten. Die Folgen können sein: Druck- oder Kloßgefühl im Hals, vermehrtes Räuspern, erhöhte Stimmlage, Heiserkeit.

Um mögliche Ursachen für die Anstrengung oder Heiserkeit zu entdecken, sollten Sie einmal genau in Ihren Körper hineinspüren:

- Beißen Sie vielleicht vor lauter Konzentration oder Ärger die Zähne fest aufeinander?

- Sind Ihre Schultern angespannt?

- Hat Ihr Stuhl oder Schreibtisch eventuell eine ungünstige Höhe für eine gute Haltung?

- Ist die Bauchdecke angespannt?

- Halten Sie immer mal den Atem an?

- Atmen Sie bewusst in den Bauch oder eher nur im Brustkorb?

- Ist Ihr Nacken nach vorne gestreckt, weil Sie krampfhaft in die Kamera schauen?

- Lächeln Sie zu viel, um Stimmung zu erzeugen und spüren daher Spannung in den Wangen und am Mund?

- Ist Ihr Oberkörper zusammengesunken oder sitzen Sie zu verkrampft aufrecht?

Das Zwerchfell ist unser Hauptein-atemmuskel und eine Muskel-Sehnenplatte. Das Wort leitet sich vom veralteten deutschen Wort „zwerch" ab, was „quer" heißt. Denn das Zwerchfell liegt quer in unsere Körpermitte und trennt den Brustraum vom Bauchraum. Das Zwerchfell hat eine kuppelartige gewölbte Form, Sie können es sich als eine umgestülpte Salatschüssel vorstellen.

Um diesen übermäßigen Spannungen zu begegnen, könnten Sie Folgendes tun:

Pausen: Bauen Sie sich bewusst Pausen in einen langen Arbeitstag vor dem PC ein. Im Büro schauen Sie auch ab und zu bei Ihren Kollegen vorbei oder treffen sich auf ein Schwätzchen in der Teeküche. Sorgen Sie also für genug Bewegung zwischendurch. Immer nach dem Motto: „Die nächste Haltung ist die beste!" Wir sind nicht für langes Sitzen gemacht, sondern für Bewegung.

Muskulatur: Lockern Sie vor allem immer wieder Ihre Nacken-, Schulter- und Kiefermuskulatur.

Lüften: Denken Sie daran, Ihren Raum ausreichend zu lüften. Das erhöht die Luftfeuchtigkeit und den Sauerstoffgehalt – das lässt Sie auch wieder besser denken.

Genug Flüssigkeit: Und vor allem: Trinken Sie immer genug Wasser, damit die Schleimhäute Ihrer Stimmlippen ausreichend befeuchtet sind.

Weitere Übungen für die Stimme finden Sie im nächsten Kapitel "Stimmübungen".

Stimmklang – entscheidend für die Sympathie

Der Stimmklang eines Menschen trägt wesentlich dazu bei, ob Sie ihm gerne zuhören oder nicht. Manche Stimmen finden Sie sicher auf Anhieb sympathisch und angenehm, andere wiederum lehnen Sie vielleicht unbewusst ab. Am Grundklang der eigenen Stimme können wir nichts ändern, wohl aber durch gezielte Übungen dafür sorgen, dass die Stimme ausdrucksfähiger, belastbarer und/oder tragfähiger wird. Wenn Sie Ihre eigene Stimme auf Aufnahmen hören, dann empfinden die Meisten diese als nicht so schön und fremd. Dieses Phänomen kommt daher, dass Sie Ihre eigene Stimme sowohl über „innen", durch die Resonanz der Stimme im Köper, als auch über „außen" hören. Bei einer Aufnahme hören Sie Ihre Stimme plötzlich nur von außen – das irritiert, ist aber ganz normal. Je öfter Sie sich auf Aufnahmen hören, desto vertrauter wird Ihnen Ihr Stimmklang!

Die Erfahrung zeigt, dass Stehen bei längeren Treffen besser ist als reines Sitzen. Noch besser ist es, je nach Situation abzuwechseln. Am einfachsten gelingt dies mit einem höhenverstellbaren Schreibtisch. Zur Not tut es auch ein hoher Bücherstapel. Bei einem Tablet bietet sich ein Stativ mit Halterung an.

Für die Stimulierung der Füße, bei langem Stehen, können Sie sich einen Igel- oder Tennisball oder eine kleine Blackroll parat legen.

Stimmlage: Im Brustton der Überzeugung

Die Stimmlage kann sowohl bei Männern als auch bei Frauen von Natur aus höher oder tiefer sein. Man kann hier, wie im Gesang auch, von Sopran-, Alt-, Tenor- und Bassstimmen sprechen. Durch ein perfektes Zusammenspiel zwischen Körperhaltung, Körperspannung, Atmung und Artikulation können Sie Ihren Stimmklang, Ihr Timbre, bestmöglich zur Geltung bringen. Umgekehrt aber können Sie Ihrer Stimme den Weg „nach draußen" bis zum Ohr des Hörers erschweren, indem Sie sie durch erhöhte Muskelspannung einengen. Je nachdem, an welcher Stelle des Körper dies geschieht, betrifft dies die Luft beim Ausatmen oder die Schallwellen der Stimme. Stellen Sie sich vor, Sie würden mit dem Fuß leicht auf einen gefüllten Gartenschlauch treten. Sie verringern dadurch den Durchfluss und erhöhen zugleich den Druck an den Engstellen. Sicher haben Sie selber schon einmal gespürt, wie sich ihr Hals in einer unangenehmen Situation beim Sprechen zuschnürt. Das macht das Sprechen auf die Dauer anstrengend.

Wie kommt es zu einer Überlastung der Stimme?

Jede emotionale Reaktion beeinflusst unsere Atmung und verändert die Spannung in unserem Körper. Wenn wir gestresst sind oder Lampenfieber bekommen, erhöht sich die Spannung in der Muskulatur. Wir pressen zum Beispiel fest die Kiefer zusammen: Damit haben wir eine Engstelle in der Mundhöhle geschaffen. Diese Erhöhung der

Es gibt selbstverständlich noch andere Ursachen für eine erhöhte Stimmgebung.

Vielleicht müssen Sie schwere körperliche Arbeit verrichten und haben deshalb Verspannungen im Rücken-, Schulter- und Nackenbereich. Oder Sie kommen aus einer Familie mit vielen Kindern und mussten sich in Ihrer Kindheit Gehör verschaffen. Eine zu laute, hohe Sprechstimme ist Ihnen also schon in Leib und Blut übergegangen, um sich durchzusetzen.

Körperspannung betrifft aber auch die Muskulatur der Stimmlippen. Und dadurch wird unser Sprechton höher. Das ist wie bei einem Instrument: Eine gespanntere Gitarrensaite schwingt schneller und klingt dadurch höher. Zudem halten wir vor Aufregung oder Stress oft die Bauchdecke fest und erschweren es damit dem Zwerchfell, seine Arbeit zu tun: Es kann sich beim Einatmen nicht frei nach unten senken, da hier noch eine Engstelle im Körper entstanden ist. Dadurch haben wir aber weniger Atemvolumen zur Verfügung und statt aus „dem Bauch heraus" zu sprechen, atmen wir vor allem in den Brustkorb. Die Schultern heben sich beim Einatmen und wir drücken oder pressen die Stimme aus uns heraus. Die Stimme klingt dadurch angestrengt, piepsig hoch oder sogar heiser. Wichtig für eine gesunde Stimme ist es aber unter anderem, dass die Stimme sich immer wieder um Ihre „mittlere Sprechstimmlage" herum einpendelt. Diese Sprechstimmlage nennt man auch „Indifferenzlage" – in dieser können wir lange unangestrengt sprechen. Sie ist natürlich individuell verschieden. Achten Sie also unbedingt darauf, nicht dauerhaft erhöht zu sprechen oder umgekehrt die Stimme künstlich nach unten zu drücken, um souveräner zu klingen.

Tatsächlich assoziieren wir tiefere Stimmen eher mit Ruhe, Sicherheit und ja - auch mit Kompetenz. Dabei ist mit „tiefer" nicht die absolute Tontiefe gemeint, sondern eine volle, resonanzreiche Stimme. Eben eine Stimme, die in ihrer individuellen, persönlichen mittleren Sprechstimmlage liegt, die lebendig und frei klingt! Wenn wir uns unserer Sache sehr sicher sind und uns wohlfühlen, hört man normalerweise keine Stress- oder Anstrengungssymptome in der Stimme. Daher sprechen wir auch vom „Brustton der Überzeugung". Einige Basisübungen zur Sprechstimme finden Sie im nächsten Kapitel.

Sprechmelodie und Lautstärke: Abwechslung bringt's

Monotonie? Aus dem Griechischen: mónos= allein, einzeln/ tónus= Ton

Monotones Sprechen macht es dem Zuhörer schwer, über längere Zeit zuzuhören. Aber wodurch entsteht eigentlich Monotonie? Von der Wortbedeutung her bezeichnet Monotonie einen gleichbleibenden Ton. Allgemein empfinden wir Redner als monoton, wenn nicht nur die Sprechmelodie gleich bleibt, sondern auch das Tempo, die Pausensetzung, die Lautstärke, die Wortwahl, die Satzstruktur. Auch eine stereotype oder fehlende Mimik und Gestik wirken monoton.

Im Umkehrschluss heißt das: Sorgen Sie für Abwechslung – und alle werden wieder wacher und konzentrierter! Für Abwechslung sorgt eine überraschende Pause, eine Klangveränderung in der Stimme, ein lauter gesprochenes Wort. Durch Abwechslung geben Sie dem Gesagten Struktur. Heben Sie Wichtiges, Spannendes, Emotionales und Neues besonders hervor. Normalerweise machen Sie das ganz unbewusst, aber Stress, Zeitdruck und Lampenfieber lassen uns manchmal versteinern oder einfrieren. Auch die Scheu vor dem „Zu-viel", „Zu-übertrieben" oder „Zu-emotional" verhindert, dass Sie ausdrucksvoll sprechen.

Tempo, Pausen und Artikulation: So erhöhen Sie das Verständnis

Vor der Kamera sollten Sie eher langsam und vor allem deutlich sprechen. So bleiben Sie verständlich, selbst wenn die Tonübertragung verzögert oder nicht besonders gut ist. Denn Sie haben nicht alle nonverbalen Ausdrucksmittel uneingeschränkt zur Verfügung, die das Gesagte verständlicher machen.

Artikulation kommt aus dem Lateinischen: articulare. Das bedeutet übersetzt „deutlich aussprechen". Gemeint ist damit die Formung der Laute durch die Sprechwerkzeuge wie Lippen, Zunge und Mundraum.

Allgemeine Geräusche: Nicht immer störend

Schmatzen, Lippengeräusche oder auch Schnappatmung sind nur störend, wenn sie sehr häufig auftreten. Das gleiche gilt für Füllwörter wie „ähm". Das Räuspern sollten Sie sich allerdings grundsätzlich abgewöhnen. Es schadet auf Dauer den Stimmbändern und nervt die Zuhörer. Genauso wie allzu häufiges, deutlich hörbares Schnappen nach Luft. Schnappatmung kommt meist daher, dass Sie zu schnell sprechen und zu lange Sätze bilden. Sie sprechen, bis Sie fast keine Luft mehr haben und müssen dann schnell und hektisch Luft holen.

Schon bereit für mehr Ausdruck?

Vielleicht denken Sie jetzt am Ende dieses Kapitels: „Naja, so wichtig ist das alles doch nicht für mich. Lohnt sich die Mühe, über meinen Ausdruck zu reflektieren und diesen zu verbessern? Das brauche ich nach Corona nie wieder." Oder: „Ich habe genug andere Sorgen und Aufgaben, da übe ich jetzt nicht noch, wie ich besonders gut vor der Kamera rüberkomme!" Dies erscheint zunächst sehr verständlich. Aber bedenken Sie: Egal ob im Kundenkontakt, bei Präsentationen, in Workshops oder in Besprechungen – es kommt darauf an, dass Sie sich bestmöglich verständigen können! Wenn Körper, Seele und gesprochene Worte dieselbe Botschaft aussenden, empfinden wir dies als Zuhörende und Zuschauende als stimmig. Ihr Aus*druck* hinterlässt mehr positiven Ein*druck*. Im Sinne einer gegenseitigen Resonanz gilt das aber nicht nur für Ihre Rolle als aktiver Host bzw. GastgeberIn, sondern auch für Sie als Teilnehmende. Dabei hat Ausdruck immer mit Offenheit, mit der Bereitschaft zum (Mit)teilen zu tun. Und das gelingt am besten freundlich – nicht nur bei der Begrüßung und beim Verabschieden!

So kann intensive virtuelle Workshop-Interaktion in der Urlaubszeit aussehen: ein Teilnehmer sitzt im Tesla auf dem Parkplatz und beteiligt sich vom Zentraldisplay aus; eine macht es sich auf der Terrasse mit Handy bequem; eine ist im Homeoffice – auch den Hund scheint es zu interessieren; zwei haben den Urlaub spontan verlängert und zeigen sich sitzend auf der Kaimauer des Fähranlegers; nur einer ist im Büro!

Geleitet wird das Ganze von einer Moderatorin im Wohnzimmer der Ferienwohnung mit Glitzertapete – unterstützt von einem Co-Moderator draußen im Schatten 280 km entfernt.

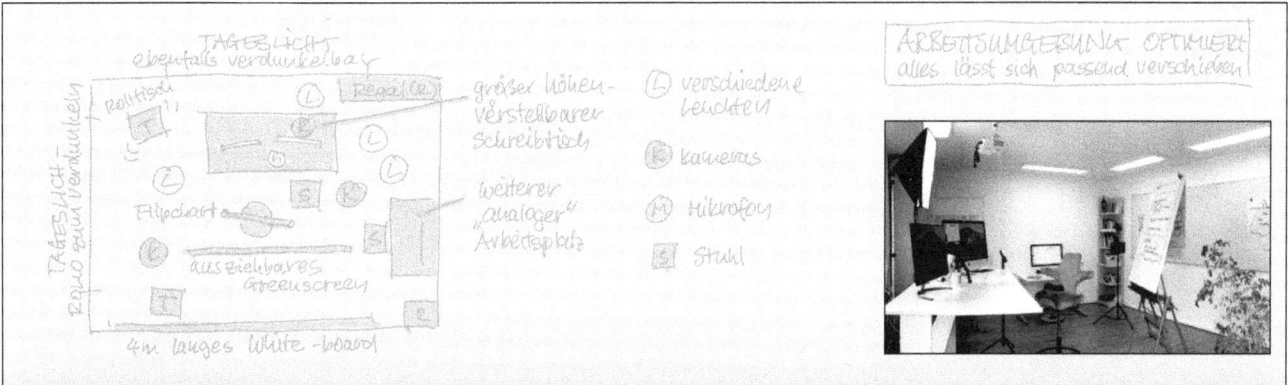

Obere Skizze:

TAGESLICHT
ebenfalls verdunkelbar

Rolltisch

größer höhen-verstellbarer Schreibtisch

weiterer „analoger" Arbeitsplatz

Regal (R)

(L) verschiedene Leuchten
(K) Kameras
(M) Mikrofon
(S) Stuhl

Flipchart

TAGESLICHT – Raum zum verdunkeln

ausziehbares Greenscreen

4m langes White-board

Oben rechts:

ARBEITSUMGEBUNG OPTIMIERT
alles lässt sich passend verschieben

Untere Bildbeschriftungen:

Analoge Welt bleibt wichtig

Manches Provisorium, manches Unperfektes hat Charme! Konzentrieren sie sich auf das Wichtigste – die digitale „nackte Glühbirne" „darf sein.

Spaß behalten

Zweiter Bildschirm hilft

Man muss auch als Moderator für sich, z.B. durch Pausen, Bewegung, Trinken, für sich sorgen

Auto – darf mehr stehen!

Gutes Licht!

guter Ton!

Notfall-Telefon

Nicht alles wird gesehen – das ist gut so!

Rechtzeitig beenden! Aufhören auf dem Höhepunkt!

Mikrofon + Video gezielt an-und ausschalten

Funktionen des Tools gut beherrschen

Zusammenfassung Ausdruck

■ Souverän vor Kamera und Mikrofon

So fühlen Sie und die Teilnehmenden sich wohl

„Das menschliche Gehirn ist eine großartige Sache. Es funktioniert vom Moment der Geburt an – bis zu dem Zeitpunkt, wo du aufstehst, um eine Rede zu halten." So brachte es Mark Twain schon vor über 130 Jahren auf den Punkt. Der Auftritt vor Kamera und Mikrofon im Online-Treffen ist für viele noch stressiger. Auch weil es ungewohnt ist im Vergleich mit einer Präsenzsituation. Doch wenn Sie wissen, auf was es ankommt und Sie anfangen Kamera und Mikrofon zu „lieben", können Sie sich trotz räumlicher Distanz lebendig ausdrücken. Dann gelingt es Ihnen verständlich zu erklären, Interesse zu wecken und Ihre Teilnehmenden zu bewegen.

Level 1

❑ Bewusstsein für den Blick in die Kamera entwickeln

❑ Bewusstsein für die Haltung, nicht erstarren

❑ Bewusstsein für den Abstand zur Kamera

❑ Sich vorher selber einige Male aufnehmen

❑ Gezielt Mikrofon und Video ein- und ausschalten

❑ Vorher prüfender Blick in den Spiegel

❑ Nicht zu schnell, dafür artikuliert und deutlich sprechen

❑ Lächeln? Erlaubt!

❑ Für Getränke und eigenen Wohlfühlfaktor sorgen

Level 2

- ☐ Professionelles Foto für Standbild bereit haben
- ☐ Nicht abschweifen, klar auf den Punkt kommen
- ☐ Souverän mit Störungen umgehen
- ☐ Stimme modulieren (Lautstärke, Melodie, Akzente)
- ☐ Ruhige, aber lebendige Mimik und Gestik
- ☐ Passende Kleidung auswählen, klare Farben, reines Weiß und Schwarz vermeiden
- ☐ Haare aus dem Gesicht für mehr Ausdruck
- ☐ Kein baumelnder, glitzernder Schmuck bzw. Knöpfe

Level 3

- ☐ Stimme und Auftreten schulen
- ☐ Auf mittlere Sprechstimmlage und Atmung achten
- ☐ Abläufe und Sequenzen gezielt üben
- ☐ Bewusst mit Körperhaltung spielen, z. B. Sprechen – Zuhören
- ☐ Vorher Warmup durchführen und sich auf die Situation einstellen
- ☐ Störende Verhaltensmuster erkennen und ablegen
- ☐ Souveräner Umgang mit dem Equipment
- ☐ Geeignetes Make-up, pudern (auch für Männer)

Stimmübungen

■ Stimme und Körper in Balance

Ihr Minimalprogramm für den „Leistungssport" Sprechen

Die folgenden Übungen eignen sich bei längeren virtuellen Veranstaltungen hervorragend für Aktivpausen. Solch ein Impuls macht nicht nur Spaß und tut gut – es ist verblüffend, wie sich die Stimmen der Teilnehmenden verbessern.

Es empfiehlt sich vor längeren Sprechphasen seinen Körper und seine Stimme „einzustimmen". Ein Leistungssportler wärmt sich vor dem Training oder einem Wettkampf auch auf, um Höchstleistungen zu vollbringen und Verletzungen zu vermeiden. Daher nun einige Basisübungen zum Einsprechen für eine klangvollere Stimme.

Ein Nebeneffekt: Diese Übungen – regelmäßig angewendet – machen Ihre Stimme belastbarer und Sie gewinnen an Sicherheit. Bevor Sie mit konkreten Übungen zur Stimme beginnen, bringen Sie Ihren ganzen Körper in einen aktiven und lockeren Zustand.

1. Aktivierung und Lockerung des ganzen Körpers

Körper abklopfen: Reiben Sie Ihre Hände kräftig aneinander und kneten Sie diese, bis sie sich warm und locker anfühlen. Stellen Sie sich nun vor, dass Sie unter einem kräftigen Massageduschstrahl stehen und das warme Wasser angenehm auf ihren Körper prasselt. Dabei klopfen Sie nun mit der rechten warmen, lockeren Hand Ihre linke Körperseite kräftig ab. Beginnen Sie an der Schulter, klopfen dann die Armaußenseite hinunter bis zur Hand und an der Arminnenseite wieder hinauf. Klopfen Sie auch den linken, seitlichen Brustkorb bis zur Taille ab. Dies können Sie beliebig oft wiederholen. Spüren Sie danach einen Moment mit geschlossenen Augen Ihrer Körperempfindung nach und vergleichen Sie die rechte mit der linken Körperseite. Im Folgenden wiederholen Sie alles mit der linken Hand auf der rechten Seite. Bearbeiten Sie mit beiden Händen kräftig den Bauch, die Leisten, den unteren Rücken und die Beine bis zu den Füßen. Mit beiden Fingerspitzen oder -knöcheln können Sie nun etwas sanfter den gesamten oberen Brustkorb abklopfen.

Zum Abschluss schütteln Sie energisch Ihre Arme und Beine aus, um sich zu trocknen. In Ihrer Vorstellung spritzen Sie dabei Ihre Umgebung ordentlich nass.

Stellen Sie sich anschließend noch einmal kurz aufrecht hin und schließen die Augen. Nehmen Sie wahr, wie sich Ihr Körper nun anfühlt, z. B.: warm, locker, prickelnd, wach oder lebendig.

Selbstverständlich können Sie zur Bewusstmachung des Körpers auch Ihnen schon bekannte Übungen einsetzen. Hierfür bieten sich besonders Elemente aus dem Yoga, Tai Chi oder Chi Gong an.

2. Aktivierung und Lockerung speziell des Gesichts und des Kiefers

Gesichts-Work-Out: Sie sind gerade erst aufgestanden und reiben sich das Gesicht, um wach zu werden. Kneten Sie sich mit den Händen das Gesicht kräftig durch und zupfen Sie dann leicht die Haut von den Wangen, der Stirn und dem Kinn ab. Wenn es für Sie angenehm ist, kratzen Sie mit den Fingernägeln ein paar Mal sanft über Ihre Kopfhaut. Nun ziehen Sie wilde Grimassen! Zum Beispiel ziehen Sie alle Muskeln im Gesicht zusammen, als hätten Sie in eine Zitrone gebissen. Danach weiten Sie Ihren Mund, Ihre Stirn und Ihre Augen, als würden Sie wie ein Löwe brüllen. Massieren Sie mit kleinen, kreisenden Bewegungen sanft mit den Fingerspitzen vom Kiefergelenk nach unten in Richtung Unterkiefer und lockern so die Muskulatur. Legen Sie nun flach Ihre Hände seitlich an Ihr Gesicht und streichen Sie von den Schläfen abwärts über Ihre Wangen nach unten in Richtung Kinn. Dabei bewegt sich Ihr Unterkiefer mit und öffnet sich dadurch weit. Die Zunge liegt locker im Mundboden. Wiederholen Sie dies einige Male. Nun bewegen Sie den geöffneten Unterkiefer locker von rechts nach links.

3. Anwärmen der Stimme

Weite im Mundraum: Sie haben in Ihrer Vorstellung eine süße Erdbeere oder etwas anderes Leckeres im Mund und Sie wollen die Köstlichkeit nicht zerkauen. Sie können sich alternativ auch eine Seifenblase im Mund vorstellen, die nicht zerplatzen darf oder eine Luftkugel, die Sie mit Ihrem Mund umschließen. Stehen oder sitzen Sie locker und

Die Audioanleitung für eine Stimmübung finden Sie auch auf unserer Buchvorstellungsseite. Vielleicht auch ein Impuls für eine Aktivpause.
www.buetefisch.de/online-meetings/

Wie wichtig Stimme ist, zeigt sich an vielen Formulierungen, in denen das Wort enthalten ist:

Diese Prognosen stimmen.

Die Stimme der Vernunft.

Seine Stimme verlieren.

Für ein Abkommen stimmen.

Jemanden fröhlich stimmen.

Qualität und Preis stimmen überein.

Das mag wohl so stimmen.

aufrecht. Räkeln und strecken Sie sich genüsslich in alle Richtungen und gähnen Sie herzhaft bei weit geöffnetem Mund. Allmählich wechseln Sie zu einem Gähnen mit geschlossenem Mund, wie beim Höflichkeitsgähnen. Das Gefühl der Weite im Mund- und Rachenraum soll bei allen folgenden Übungen erhalten bleiben. Auch wenn der Mund geschlossen ist, haben die oberen und unteren Zahnreihen Abstand von einander. Denken Sie an die beschriebenen Vorstellungshilfen, das macht es leichter.

Lippenflattern: Erinnern Sie sich nun daran, wie Sie selbst als Kind oder mit Kindern gemeinsam Auto- oder Motorradgeräusche nachgeahmt haben. Mal stockt der Motor, mal flitzen Sie über die Autobahn. Legen Sie die Lippen locker aufeinander und pusten Sie kräftig Luft hindurch. Die Lippen beginnen zu flattern. Üben Sie das Lippenflattern zunächst ohne Stimme. Wenn das gut funktioniert, nehmen Sie einen entspannten Brummton hinzu. Denken Sie dabei immer an Ihr Weitegefühl im Mundraum. Manchmal braucht es erst ein bisschen Übung, um das Lippenflattern entstehen zu lassen. Leichter geht es zunächst, wenn Sie beim Ausatmen mit den Zeigefingern rechts und links ein wenig in die Wangen drücken, das kanalisiert den Luftstrom nach vorne zu den Lippen.

Gliederkasper: Stellen Sie sich nun vor, dass der Boden, auf dem Sie stehen, leicht vibriert – wie in einem fahrenden Bus, auf einem Rüttelbrett oder auf einer Harley. Stehen Sie locker aufrecht und beginnen Sie leicht in den Knien zu wippen. Spüren Sie, wie sich die Bewegung von den Fußgelenken durch alle Gelenke nach oben bis zum Kopf und bis zu den Händen ausbreitet. Dabei überprüfen Sie, ob die Schultern, der Kiefer, der Bauch, die Knie locker sind. Dann öffnen Sie weit den Unterkiefer und beginnen bei der Bewegung mit der Stimme mitzutönen. Sie brauchen keinen bestimmten Laut zu formen. Nun lösen Sie die Fersen vom Boden, so dass die Bewegung stärker wird. Sie steigern sich, bis Sie ins Hüpfen kommen, dann wird die Bewegung langsam wieder kleiner. Die Arme schwingen dabei locker neben dem Körper, alle Gliedmaßen geben den Hüpfimpulsen nach und bewegen sich mit. Die Stimme ebenso. Zum Schluss bleiben Sie stehen und klopfen noch einmal mit den Händen locker das Brustbein ab. Tönen Sie nun dabei auf „mmmmmmm" und spüren Sie die leichte Vibration im Brustkorb.

4. Finden der individuellen Sprechstimmlage

Kauübung: Setzen Sie sich locker und aufrecht auf einen Stuhl. Sie sind nun in Ihrer Phantasie ein Gourmet vor einem köstlichen Büfett und zerkauen mit großen Kaubewegungen genüsslich ihr Lieblingsessen. Die Lippen sind dabei natürlich höflich geschlossen. Zur Unterstützung können Sie sich eine Hand auf den Bauch – etwas unterhalb des Bauchnabels – legen. Während des Kauens geben Sie wohlige Laute auf *„mmmmm"* wieder. Diese drücken aus, wie gut es Ihnen gerade schmeckt! Die Stimme bleibt dabei nicht nur auf einem Ton, sondern variiert nach oben und unten. Es ist wichtig, dass Sie die Vorstellung ernst nehmen, damit die Übung Wirkung zeigt – denn wenn Sie den Genuss nur vorspielen, verspannen Sie sich eher dabei. Sobald Sie eine angenehme Tonlage gefunden haben, können Sie zwischen die Kaubewegungen auch kurze Wörter mit „M" am Anfang einfügen. Beispiel: *„Mmmm – Mango, Mmmm – Marmelade, Mmmm – Mandarine, Mmmm – Maoam, etc."*

Entspanntes Murmeln: Nun kommen Sie nach einem langen Tag erschöpft nach Hause und haben keine große Lust mehr zu reden. Setzen Sie sich ganz entspannt auf einen Stuhl. Ihre Ellenbogen stützen Sie direkt vor Ihren Knien Ihren Oberschenkeln auf. Die Hände sind dabei locker verschränkt. Der Kopf ist nach unten geneigt, so dass sich der Nacken entspannen kann und der Blick auf den Boden gerichtet ist. Dies ist der sogenannte Kutschersitz. Nehmen Sie die Atembewegungen in Ihrem Körper wahr. Vielleicht spüren Sie sogar eine Bewegung im Rücken und an den Flanken?! Stellen Sie sich nun vor, Ihr Freund oder Partner hat Ihnen viel zu erzählen und Sie hören gerne zu. Deshalb geben Sie nun kleine Laute des Verstehens von sich, um ihn zu ermuntern weiterzureden. Stellen Sie sich konkret vor, was die Person Ihnen gerade erzählt. Mit der Zeit wird das Thema immer interessanter und Sie immer munterer. Nun drücken Sie mit einem *„hm-mh"* Ihre Zustimmung, Ihr Mitgefühl, Ihr Verstehen aber auch Ihr fragendes Nichtverstehen aus. Je nachdem wird Ihr *„hm-mh"* anders klingen. Die Lippen sind dabei geschlossen, aber der Mund ist innen weit. Achten Sie darauf, dass die Vibration der

Stimme vor allem vorne an den Lippen, der Nase, der Stirn und am Brustbein zu spüren ist und nicht hinten im Hals knarrt. Sie können jetzt auch Ihre Hände zur Hilfe nehmen und an der Nase und den Wangenknochen nach Vibrationsempfindungen tasten. Mit der Zeit gehen Sie über zu kleinen Wörtern wie *„Aha", „Soso", „Ach".* Dabei öffnen Sie natürlich Ihren Mund. Die Stimme bleibt aber in der entspannten tiefen Lage von davor. Richten Sie sich nun immer weiter auf, bis Sie ins Stehen kommen. Die Körperspannung nimmt nun dabei zu und die Aussprache der Wörter wird immer deutlicher. Die Stimme bleibt aber weiterhin in der entspannten Tonlage, selbst beim Lauterwerden. Gehen Sie dazu über, kurze Ein- oder Zweiwortsätze zu sagen: *„Ach so", „Na ja", „Okay", „Mach ich", etc. ...*

Reihen sprechen: In dieser entspannten Stimmlage beginnen Sie nun, Reihen vor sich hin zu sprechen. Zum Beispiel: *„1, 2, 3, ...; a, b, c, d ...; Montag, Dienstag, Mittwoch, ...; Januar, Februar, März, ... u. ä."* Sie sind zunächst ganz bei sich, ohne etwas zu wollen oder jemanden anzusprechen und reden einfach nur entspannt vor sich hin. Als würden Sie in Gedanken eine Liste durchgehen. Zunächst klingt die Stimme dabei etwas monoton, aber auf diese Weise können Sie bemerken, in welcher Tonlage sich Ihre Stimme angenehm einpendelt – gerade weil das Reihensprechen keine Emotionen auslöst und Sie sich dabei auch nicht stark konzentrieren müssen. Wenn Ihnen der Klang Ihrer eigenen Stimme geläufiger ist, können Sie zu kurzen Redewendungen und Zungenbrechern übergehen. Mit der Zeit geben Sie dem Inhalt mehr Bedeutung und legen mehr Emotionen in die Stimme. Dann können Sie auch Texte vorlesen, während Sie immer wieder darauf achten, dass Sie, trotz der Betonungen, überwiegend in Ihrer mittleren Sprechstimmlage bleiben oder sich immer wieder dort einpendeln.

Aktivierung des Zwerchfells: Sie stehen locker und aufrecht. Die Hände können Sie sich seitlich in die Taille stützen oder auf den Bauch legen. Nun stoßen Sie kräftig hintereinander die Laute *„f–s–sch–p–t–k"* aus. Wie die Geräusche einer kleinen Lokomotive. Die Kraft dafür kommt aus dem Zwerchfell mit Hilfe der Bauchdecke. Sie müssten mit jedem Laut einen Impuls unter Ihren Händen spüren. Bei dieser Übung ist es sehr wichtig, dass Sie darauf achten, im Hals und Kiefer relativ locker zu bleiben. Es sollte sich nicht eng oder angestrengt im Hals anfühlen. Fühlen Sie weiterhin die Weite im Mundraum – wie bei den vorherigen Übungen! Am Anfang kann es geschehen, dass Sie statt mit dem Zwerchfell zu arbeiten, die Luft, also den Laut, mit Druck aus dem Brustkorb heraus pressen. Das sieht dann so aus, als ob Sie beim Sprechen der Laute ruckhaft mit dem Brustkorb nach innen-unten einsinken und sich wieder aufrichten. Zur besseren Kontrolle können Sie sich daher einmal vor den Spiegel stellen und sich beim Üben beobachten. Normalerweise sollte der Oberkörper relativ unbewegt bei der Übung bleiben. Wenn Sie den Eindruck haben, dass Sie den Ablauf richtig durchführen, dann können Sie mit der Zeit die Geschwindigkeit immer weiter erhöhen und auch die Laute verdoppeln oder verdreifachen. Diese Übung ist sowohl eine Atemübung, weil Sie damit das Zwerchfell aktivieren, als auch schon eine erste kleine Übung für das deutliche Sprechen.

Wer noch mehr erreichen will!

Zum Thema Stimme gibt es natürlich viel Literatur mit Übungen, die man selber durchführen kann. Wenn Sie noch nie Stimmbildungsübungen gemacht haben, dann empfiehlt es sich ein Buch zu wählen, zu dem auch eine CD gehört, damit Sie wirklich genau wissen, wie sich die Übungen anhören sollen. Stellen Sie sich vor, Sie wollen Tennisspielen aus einem Buch lernen ohne einen Trainer oder wenigstens ein paar Videos, die Sie ansehen könnten – Ihr Tennisspiel hätte zumindest einen sehr eigenen Stil. Und die Gefahr, dass Sie sich dabei auf die Dauer verletzen oder überanstrengen ist leider auch gegeben. Übrigens: Besonders das Singen im Chor und das Theaterspielen schult das Gefühl für die Stimme und das Sprechen. Wenn Sie noch intensiver an Ihrer Stimme und an Ihrem Sprechausdruck arbeiten wollen oder Sie größere Probleme mit der Stimme haben, sollten Sie aber unbedingt einen Sprechertrainer oder Logopäden aufsuchen.

Glauben Sie uns: Die Investition in die eigene Stimme lohnt sich!

Karrierefaktor Stimme:

Es gibt inzwischen einige Studien, die belegen, dass eine gute Stimme ein maßgeblicher Faktor ist, um weiterzukommen und Menschen für seine Sache zu gewinnen.

Eine interessante Befragung unter Führungskräften, Teamleitenden und Vertrieblern hat auch folgendes ergeben: 73 Prozent beurteilen den Karrierefaktor Stimme als sehr bedeutend – aber nur 14 Prozent trainieren Ihre Stimme gezielt oder haben es vor!

Wie geht es Ihnen?

Danke

■ Geschafft!

Gut, dass mann/frau nicht alleine war

Vieles dauert länger als gedacht. Mal wieder! Diesmal dauerte das Schreiben vor allem länger, weil wir während dieser Zeit immer wieder neue Erkenntnisse in Veranstaltungen gewinnen durften – auch dank der Rückmeldungen unserer Teilnehmerinnen und Teilnehmer. Diese Erfahrungen wollten wir unbedingt noch mit in das Buch aufnehmen. Also Danke an unsere Teilnehmenden und Mitstreiter für den Austausch!

Ein herzliches Dankeschön an Judith Heinemann, die uns mit Fragen wie „Versteh ich nicht." „Was macht der Satz hier?" zu mehr Klarheit gezwungen hat – oft auch mit Humor. Aber auch wir haben sie durch Wortneuschöpfungen wie „Teilenehmenden", „Feedbackhase", „virtuzell", „Zertückelung" oder „Lernblattformen" (Autokorrektur!) zum Schmunzeln gebracht. Danke an meine Tochter Anna Bütefisch: von ihrem genauen tierärztlich-diagnostischen Blick, angewandt auf Texte und Konzepte, profitieren wir immer wieder. Das von allen überlesene „preislicht" im Abschnitt über die Leuchten ist ihr nicht entgangen! Danke auch an unsere Test-Leser und ihr ermutigendes Feedback und ihre Anmerkungen – so wurde noch manches ergänzt oder gestrichen.

Ein besonderer Dank gilt darüber hinaus einigen unserer Kunden. Sie haben Geld in die Hand genommen, um aus geplanten guten Präsenzveranstaltungen gute Online-Veranstaltungen zu machen. Denn beide Veranstaltungsformate müssen anders konzipiert und umgesetzt werden, um ähnliche Wirkung zu erreichen. Wir sind überzeugt: Das ist gut investiertes Geld! Präsenz und Online ergänzen sich und eröffnen neue Horizonte für Remote-Zusammenarbeit, Meetings und für Fort- und Weiterbildungen. Auf diese Projekte freuen wir uns, denn das Feedback aller Beteiligten hat gezeigt:

Das Ganze ist mehr als die Summe der Teile.

Das motiviert, diesen Weg weiterzugehen und weiter zu experimentieren!

"Passsend?" Selbst Korrekturen werden MERKwürdig durch Visualisierung aufgelockert – danke Anna.

Es ist an der Zeit, Vorurteile zu überwinden!

Im Gegensatz dazu, stehen die leider weit verbreiteten Haltungen: „Wir sparen Kosten und ersetzen deshalb Präsenz- durch Online-Kommunikation". „Wer gut in Präsenzveranstaltungen ist, kann auch Online-Trainer". „Online-Meetings sind eine Übergangslösung. Also Ball flach halten, bald läuft alles wieder in gewohnten Bahnen ab". „Virtuelles ist grundsätzlich ein schlechter Ersatz für echte Begegnungen". „Wir werden alle vor unseren Bildschirmen versauern – unfähig zum Gespräch von Angesicht zu Angesicht". Diese Aussagen sind nicht erfunden, sondern wirklich so gefallen! Diese Ansichten sind dadurch geprägt, dass es an Wissen und Erfahrung fehlt, was wirklich möglich ist. Oft ist es auch nur Frust und Enttäuschung. Das ist schade in vielerlei Hinsicht!

Schlecht durchgeführte Online-Kommunikation diskreditiert das Werkzeug eKommunikation an sich und bringt uns um Chancen. Auch um die Chance, Präsenz- und virtuelle Kommunikation wirkungsvoll zu verbinden. Virtuelles Zusammenarbeiten ist ein unverzichtbarer Baustein für mehr Nachhaltigkeit und einen klugen und schonenden Umgang mit Ressourcen. Denn es macht Begegnungen und Austausch über räumliche Grenzen hinweg möglich und einfach. Das kann die Welt ein kleines bisschen besser machen – in Unternehmen, im Bildungsbereich und im Privaten.

Damit das gelingt, braucht es, wie schon im Buch mehrfach erwähnt, das passende Mindset, Skillset und Toolset – gepaart mit Mut und Entdeckergeist! Gelungene eKommunikation erfordert Menschlichkeit, Zugewandtheit und Respekt – sie erfordert Konzentration auf den Moment. Das trägt sogar dazu bei, Präsenzbegegnungen besser zu machen und diese noch mehr zu schätzen.

Wir wünschen uns, dass es uns mit diesem Buch gelungen ist, Ihren Kommunikationskoffer mit einem mächtigen Werkzeug zu ergänzen. Nutzen Sie dieses Werkzeug sinn- und verantwortungsvoll – und halten Sie es scharf! Sie werden dieses Werkzeug immer mehr brauchen!

Was man sucht – es lässt sich finden,
was man unbeachtet lässt – entflieht!
Sophokles

Ihr Lesezeichen

Mit-Teilen <-> An-Nehmen

Noch ein allerletzter Link –
denn wir möchten Ihnen persönlich
noch etwas sagen:
www.buetefisch.de/impuls-und-danke/

Bitte

■ Machen ist wie wollen – nur krasser

Anpacken!

Gestartet haben wir mit dem Satz „Ein Arbeits-, Nachschlage- und Lesebuch für die Praxis".

Der Schritt von der Information zum Wissen gelingt nur, wenn das hier „Vorgekaute" auch verdaut wird. Deshalb zwei letzte Aufgaben:

Erstens: Gehen Sie in Gedanken dieses Buch jetzt nochmals durch. Dazu nehmen Sie einen Stift zur Hand und werfen einen Blick auf das Inhaltsverzeichnis. Nun schreiben Sie sich aus dem Gedächtnis zu jedem Kapitel drei, maximal fünf Dinge auf, die Sie umsetzen wollen. Ergänzen Sie mit diesen Stichpunkten die jeweiligen Checklisten, falls diese dort noch nicht aufgeführt sind.

Zweitens: Nutzen Sie diese Notizseite und schreiben sich die nächste Zeit auf, was in der virtuellen Kommunikationspraxis besonders gut funktioniert hat und was nicht. Sie werden das Buch mit dieser Praxiserfahrung nochmals anders lesen und nutzen können. Damit werden die Impulse dieses Buches noch bekömmlicher für Sie werden und zum *„Fitnessriegel-für-zwischendurch"* für Ihre eKommunikationspraxis!

Mut zur Schere – auch um alte Zöpfe abzuschneiden! So gelingt Veränderung.

Lightning Source UK Ltd.
Milton Keynes UK
UKHW050818300920
370791UK00007B/518